丛书编委会

大家精要

若米尼

夏征难 著

Jomini

陕西师范大学出版总社

图书代号 SK16N1044

图书在版编目（CIP）数据

若米尼 / 夏征难著. —西安：陕西师范大学出版总社
有限公司，2017.5（2024.1重印）
（大家精要）
ISBN 978-7-5613-9058-0

Ⅰ.①若… Ⅱ.①夏… Ⅲ.①约米尼（Jomini, Antoine
Henri de 1779—1869）—传记 Ⅳ.①K835.225.2

中国版本图书馆CIP数据核字（2017）第091655号

若米尼 RUOMINI

夏征难 著

责任编辑	彭 燕	
责任校对	宋媛媛	
封面设计	张潇伊	
出版发行	陕西师范大学出版总社	
	（西安市长安南路199号 邮编710062）	
网 址	http://www.snupg.com	
印 制	永清县晔盛亚胶印有限公司	
开 本	650 mm × 930 mm 1/16	
印 张	10	
字 数	100千	
版 次	2017年5月第1版	
印 次	2024年1月第2次印刷	
书 号	ISBN 978-7-5613-9058-0	
定 价	45.00元	

读者购书、书店添货或发现印刷装订问题，请与本公司销售部联系、调换。

电话：(029) 85303879 传真：(029) 85307864 85303629

目　录

第 3 章　世界公认的军事理论权威 /

附录

第 1 章

传奇的战争艺术巨匠

若米尼同克劳塞维茨一道，被称为19世纪两个最著名的军事理论家之一。他和克劳塞维茨生活在同一时代，亲身经历过法国资产阶级革命和拿破仑战争的洗礼。他虽出生于小国瑞士，却受到了法国和俄国两个大国包括拿破仑一世在内的六位皇帝的赏识；他虽连初级军校都未进过，却通过刻苦自学及军事实践，从一个普通学徒工成长为军事理论家、军事历史学家和步兵主将，其坎坷的一生颇富传奇色彩。尤其是他几乎耗尽毕生精力撰写的传世之作《战争艺术概论》，更使其闻名遐迩，被誉为一代兵学大师。

一、青年时代酷爱军事

若米尼1779年出生于瑞士西南部沃州帕耶纳市一个中等官员的家庭。若米尼出生的时候，家有祖父、祖母、父亲、母亲和大哥。后来，母亲又给他生下了四个妹妹。

若米尼的父亲叫邦雅曼。他一生从事公证工作达40年之久。1790年和1796年曾两次当选为帕耶纳方旗骑士（按当时制度，方旗骑士相当于市长），负责掌管该市的钥匙和大印。他的政治和社会活动很活跃，对若米尼的要求非常严格。

若米尼的母亲让娜是当地首席法官加布里埃尔的女儿。她一直把若米尼视为掌上明珠，颇为溺爱，但也从未放松对他的教育。

若米尼自幼酷爱军事，经常带领左邻右舍的小伙伴们一块玩军事游戏，每次他总自命为敌对双方中一方的司令官。并且只要小伙伴们听他的指挥，通常又总能取胜，这也使他颇感过瘾和自豪。

1793年，年仅14岁的若米尼不得不结束这段令人憧憬的美好时光，被双亲送往瑞士北方阿劳市的青年商业寄宿学校学习商业。进校不久，若米尼就显露出其聪明过人的一面。上数学课时，往往是老师一点即通，其心算的速度甚至比老师还快。上地理课时，对老师的提问又总能对答如流，并且对瑞士、法国以及欧洲的名山大川、重要城市及天文气象等也能如数家珍，讲得头头是道。他后来能成为大军事理论家，恐怕与他在数学和地理方面出类拔萃不无关系，因为这两门学问都是军事学的基础。

父亲看到若米尼数学成绩好，又学过经商，认为他可能会在商业上有所发展，便于1795年把他送到巴塞尔的一家商店当学徒。后又转到一家名为普雷斯维克的银行学习货币交易业务。然而，若米尼此时对银行业务并不感兴趣，他不顾父亲的意愿，开始自学军事，并产生了当一名将军的奇想。

1796年，17岁的若米尼经友人介绍到巴黎莫塞尔曼商行当职员，后又转到证券交易所当证券经纪人。

然而，天性酷爱学习的若米尼并未沉醉于商业交易之中，而是深深为当时拿破仑远征意大利的节节胜利所激动，并不顾家人的反对，毅然辞去银行和交易所的优越工作，放弃经营股票发财的良机，继续自学军事，并通过记军事日记，详细记述当时各国战况并对其发展进行评论。由于他经常发表军事评论，曾于当年在法军谋得一个没有薪俸不具军官身份的幕僚性职务。

1798 年，瑞士联邦在法国的占领下改称海尔维第共和国，实为法国附庸。若米尼就在这一年的 12 月 24 日就任海尔维第共和国陆军部秘书长。翌年 6 月 17 日，被授予海尔维第军队上尉军衔，作为陆军部长的副官。1800 年 4 月 23 日，又平步青云成了海尔维第军队的营职青年军官。

1801 年 2 月，若米尼因与陆军部个别领导产生意见分歧等，离开海尔维第军队重返法国巴黎，经人介绍到德尔蓬兵工厂当了会计。若米尼并不甘心做会计这种轻松的工作，又不愿过早谈情说爱，虚度青春年华。于是，依然穿着一身瑞士陆军营长的军装，怀着远大的抱负，重新投入久已中断的军事自学。此间，他潜心研究了战史以及 18 世纪下半叶轰动军界的学术争论。

同年，若米尼根据自学心得，以 1779 年至 1800 年战局为背景，写出了其处女作——《论大战术》。

1803 年，若米尼完成了另一部新作《大战术理论和应用教程》第一卷。同时，离开了德尔蓬兵工厂。其间，他曾去法国求职，试图找个适合自己的位置，未能如愿。之后，他又带着《论大战术》的手稿，试图到俄军求职，结果又碰壁了。

尽管经过几年奔波，若米尼在瑞士、法国和俄国不断遭到冷遇，但他并未心灰意冷、怨天尤人，而是积极进行反思，注意从自身寻找失败的原因。

二、"拿破仑的预言家"

1804 年，25 岁的若米尼进法属瑞士团，先为后勤军官，后改任一般参谋。在此期间，若米尼除日常工作外，还潜心读书。其中，由英国将军劳埃德始写并由普鲁士将军乔治·弗里德里希续写的《七年战争》一书，曾对若米尼产生了重要影响。从此时起，若米尼下定决心要探索战争原理，使人们认识军队一切行动所应思考的基础。在阅读过程中，他很钦佩弗里德里希二世的军事天才，认为弗里德里希二世的胜利与拿破仑的胜利所运用的原理相似，即集中主力攻敌一翼。若采用这种战略，将发现全部战争科学的钥匙。于是，他又决心把弗里德里希二世的战局同拿破仑的战局加以比较，借以从中总结一套适用于当时作战体系的基本原理。

若米尼还将其《大战术理论和应用教程》一书送俄国驻巴黎公使馆秘书德·乌布利尔。一天，法军元帅内伊从瑞士来到巴黎，若米尼抓住机会，将该书送交内伊元帅审阅。

内伊看了这部书稿后，慷慨解囊，不仅借给若米尼出版该书的经费，还欣然录用了若米尼。不过，当时并未按照若米尼个人要求安排他到瑞士工作，而是于 1805 年邀请若米尼到自己身边进行战争理论研究工作。

内伊很欣赏若米尼的军事才能，并支持若米尼对战争理论的研究，还将其作为志愿人员带到法国的布洛涅兵营。此间，若米尼同内伊来往频繁，两人经常无拘无束地讨论军事问题。

无形中若米尼成了内伊元帅的得力助手，他可以修改内伊拟制的主要演习训令，还可以为内伊制订新的演习计划。据说，他曾根据弗里德里希二世的作战体系为内伊的训练计划增加了两个演习。凡此种种，尽管引起一些人的嫉妒，但仍得到了内伊的赞赏。经内伊元帅推荐，同年12月，若米尼被任命为内伊的副官长。

与此同时，若米尼还笔耕不辍，于这一年修订了《大战术理论和应用教程》，将其更名为《论大规模军事行动》，并在内伊的资助下在巴黎出版了第一、二卷。若米尼也由此得以崭露头角。

1806年，对若米尼来说是极不平凡的一年。这年的9月15日，若米尼为内伊草拟了题为《评同普鲁士发生一场战争的可能性及将要发生的军事行动》的军事评论。其中，他关于在耶拿—奥尔施塔特会战中法军将取得胜利等预言，被后来事态的发展所一一证实。若米尼的预言引起了拿破仑的注意，并于9月28日亲自召见了这位年轻的瑞士军官。若米尼趁机将其《论大规模军事行动》第一、二卷呈给拿破仑。拿破仑对若米尼熟谙弗里德里希二世及普鲁士的作战深感震惊，于是决定把他留在自己的身边当随员。

在召见结束时，若米尼曾问拿破仑："我是否应在四天后到班贝格觐见陛下？"拿破仑听后生气并惊奇地反问道："是谁告诉你我要去班贝格？"若米尼回答说："陛下，是德意志地图与你指挥的乌尔姆之战和马伦戈之战告诉我的。若要像陛下过去打败马克和梅拉斯那样去打败布伦瑞克，就必须向格拉进军，这样又必须路经班贝格。"这件事给拿破仑留下了极深刻的印象，若米尼也由此获得"拿破仑的预言家"的绰号。

据说，此前拿破仑在读了若米尼《论大规模军事行动》一书中关于作战线的内容后曾大发雷霆：怎么能让这样的书出版呢？不管怎样，我们不能为敌人训练部队提供教材，不能让敌人利用这部书来对付我们，应把这部书列为禁书！

10 月 14 日，普法两军进行耶拿会战。其间，若米尼曾奉拿破仑之命，冒险奔赴前线，为内伊提供决定性情报，导致会战大胜。

同年，若米尼还发表了《论大规模军事行动》第五卷，以及《评 1792 年以来的对反法同盟的几次战局》。

这一年的 12 月，由于若米尼的足智多谋，拿破仑亲笔签署了一道命令，授予“第六军团司令部雇佣营长若米尼先生”由少校晋升为法军上校军衔。从此，若米尼穿上他梦寐以求的法军军装，成了法国大军的正式军官。

不幸的是，若米尼虽足智多谋、料事如神，但由于他能洞察拿破仑的内心活动，较准确地预见拿破仑的行动企图，使得拿破仑对他又爱又怕，因此不愿重用他。加之若米尼成为拿破仑总部的成员后，很快引起贝蒂埃总参谋长的忌恨，从而屡遭打击。

1807 年 2 月 8 日，若米尼随拿破仑参加艾劳之战，日夜伴随拿破仑身边，执行拿破仑赋予的各项任务。

同年 11 月，经内伊元帅推荐，拿破仑准备任命若米尼为第六军参谋长。但在正式任命前，若米尼接到通知，要他去给贝蒂埃的宠儿迪塔伊当副参谋长。若米尼对此深表不满，于是去见拿破仑。拿破仑得知其来意后，低声埋怨说：“这是贝蒂埃的错，我是要任命你当参谋长的。”不久，若米尼按新命令就任第六军参谋长一职。

这一年，若米尼还出版了《论大规模军事行动》。书中指出："战争艺术是永远存在着的，尤其是战略，不论是在恺撒时代，还是在拿破仑时代，都是一样的。但是局限在古今名将头脑里的这种艺术，却是在过去的书本中找不到的。"该书出版后，曾在法国等国引起巨大反响。

若米尼在给内伊担任参谋长的三年多时间里，内伊打了不少胜仗。但又恰恰是这些胜仗给若米尼带来了一连串的不幸。一些忌恨若米尼的妒才争功之辈到处散布流言蜚语，声称内伊的胜利应归功于若米尼。内伊听到谣传竟下决心撤掉若米尼的参谋长之职。当陆军部部长将内伊要撤若米尼的报告上呈拿破仑后，拿破仑在报告上亲笔批道："让贝蒂埃用他！"尽管若米尼恳求内伊撤回该报告，但遭到拒绝而成了贝蒂埃的直接部属。当年若米尼任第六军参谋长一事曾使贝蒂埃耿耿于怀，致使若米尼在贝蒂埃手下工作也连连碰壁。

若米尼在法国受气之时，俄国却一直向其频送秋波。经过痛苦选择，若米尼准备到俄国去。若米尼提出辞呈后，拿破仑十分恼怒，通过陆军部部长命令其立即回巴黎，并给他指了两条道路：或者作为准将继续留在法军服役，或者去蹲监狱。又经过一番思考，若米尼表示愿继续留在法军服务。1810 年，拿破仑签署命令授予若米尼法军准将军衔。

1811 年，若米尼完成《论大规模军事行动》一书的第七、八卷的撰稿工作，并按拿破仑旨意撰写发表了《法国大革命战争军事批判史》。

夏天，若米尼与法兰西姑娘罗斯喜结良缘。他们在婚后虽长期异地分居，但两人感情甚笃。罗斯后来经常为若米尼工整地誊写书稿，始终是若米尼最得力的亲密助手。

1812 年，在拿破仑远征俄国时，若米尼曾任维尔诺总督和斯摩棱斯克总督。同年 11 月末，拿破仑被迫率军从莫斯科撤退时，若米尼曾为拿破仑指出强渡别列津纳河的最有利的地点，并协同埃布莱将军为准备强渡该河的部队修筑桥梁，从而为拿破仑残部强渡该河，成功脱险返回巴黎起了重要作用。

三、俄国皇帝的军事顾问

1813 年 5 月初，拿破仑再次任命若米尼为内伊元帅的参谋长。5 月 4 日，若米尼在莱比锡与内伊重聚，两人又言归于好。

5 月 20 日至 21 日，发生包岑会战。内伊因若米尼在包岑会战中战功卓著，会战胜利结束后，向拿破仑提出将若米尼晋升为少将，以示表彰。但遭到贝蒂埃的刁难。8 月，若米尼荣获荣誉勋位勋章。该勋章是拿破仑亲自设立专授文武双全建立奇功的真正骑士的。但获此殊荣并未解决若米尼的晋升问题，若米尼的名字被贝蒂埃从包岑会战有功人员名单中划去。若米尼对这种不公正的待遇感到非常气愤，于是毅然决定离开法国，另谋他途——到俄国去！

同年 8 月 14 日，若米尼在布拉格联军总部觐见了俄皇亚历山大一世，表示愿意为俄军服务。亚历山大一世对若米尼的才能早有所闻，于是高兴地接纳了他。并任命其为俄皇侍从副官，并被授予俄军中将军衔。

若米尼在俄国生活了 40 多年，在此期间，先后任俄国皇帝亚历山大一世、尼古拉一世和亚历山大二世的军事战略顾问达 20 年之久。

若米尼转投俄军后，便旋即参加了两次会战。一次是德累斯顿会战。在该会战开始前，若米尼曾提出联军趁拿破仑未到之际对法军阵地发起攻击等建议，但均未被采纳。此次会战以联军的失败而告终。另一次是莱比锡会战。若米尼奉派到奥地利元帅施瓦岑贝格的总部参战。若米尼在劝阻施瓦岑贝格元帅不要实施错误机动遭拒后，曾亲率两名奥军少校观察法军动向，并以令人信服的情况说服施瓦岑贝格，使奥军避免了一场灾难。此次会战法军惨败，而联军取得决定性胜利。

1814年9月至1815年6月，若米尼作为沙皇亚历山大一世的顾问参加了根据俄、英、奥、普等战胜国的倡议，为解决欧洲政体问题召开的维也纳会议。会议期间，若米尼曾单独会见奥地利卡尔大公。会见中，卡尔大公对若米尼1807年发表的《战争艺术基本原则》一书倍加赞赏。

1815年11月20日，若米尼又陪同亚历山大一世到巴黎参加了反法同盟各国同法国签订第二个《巴黎和约》。1818年9月，若米尼随亚历山大一世参加在亚琛召开的俄、普、奥、英、法五国代表关于法国继续支付赔款问题的会议。从中足可看出亚历山大一世对他的重视程度。

1825年，亚历山大一世去世，尼古拉一世登基。尼古拉一世从年轻时就对战争艺术有浓厚兴趣，并致力建立一支强大的俄军，因此很器重若米尼，登基伊始即邀若米尼到圣彼得堡辅佐。翌年9月，尼古拉一世即授予若米尼俄军步兵上将军衔，并使之在此后相当长的时间里担任尼古拉一世的军事顾问。

1828年俄土战争爆发，在对土耳其战局中，若米尼任俄军大本营参谋长，参与制订多次战役计划，特别在胜利围攻瓦尔纳之战中起了重要作用。若米尼因在此次战争中战功卓著，战后被尼古拉一世授予一枚圣亚历山大勋章。1832 年，若米尼在俄国正式创建高等军事学府——俄国第一所军事学院，后称总参谋部军事学院。该学院为培养俄国的军事专家及学者起了非常重要的作用。

1836 年，若米尼在圣彼得堡出版了俄文第二版的《战争艺术基本原则》一书，并遵照尼古拉一世的要求，着手修订《论大规模军事行动》一书，以供皇太子和国务活动家作为教材之用。1837 年，若米尼担任亚历山大王储侍读。

1853 年克里木战争爆发，若米尼应尼古拉一世之邀，不顾年迈体弱，重返圣彼得堡担任俄皇军事顾问，并参加了一系列重要的军事会议。可惜，若米尼的有关建议并未引起尼古拉一世的足够重视。

1854 年，在克里木战争胜负已定的情况下，若米尼正式退休离开俄国。起初到比利时，后又转到法国巴黎安度晚年。

1859 年，在法国对奥地利战争期间，八十高龄的若米尼再度应邀出任拿破仑三世的军事顾问，最后一次为法皇献策。此次战争奥地利战败。

1867 年 6 月 6 日，根据亚历山大二世之命，若米尼被授予圣安德烈骑士勋章。这一天，若米尼重新穿上俄国将军礼服欢迎接见他的俄皇亚历山大二世。这是若米尼生前最后一次受勋。此次授勋反映了亚历山大二世对其幼年启蒙老师若米尼的崇敬和感激之情。

不过，若米尼晚年虽具有俄国将军的军衔，但始终珍藏着1808 年在法军获帝国男爵称号时拿破仑授予他的纹章。这枚纹章上刻有金质沙鹰和银质人字形条纹及雉堞图案。

随着时光的流逝，若米尼的健康每况愈下。1869 年 3 月 22 日，这位曾随法皇拿破仑和俄皇亚历山大及尼古拉征战的将军，终于走完了自己非凡的战斗历程，因病卒于巴黎第 16 区巴悉钟楼街第 129 号寓所，享年 90 岁。

四、著作等身的兵学大师

若米尼一生历经坎坷，生活漂泊，但在戎马倥偬的生涯中却笔耕不辍，著作等身。从 1801 年写出其第一部著作《论大战术》起，到 1856 年完成《战争艺术概论·续编（二）》为止，其著述的历史长达 55 年之久，数量之多也难以准确计量（有说约 30 部，也有说约 60 部）。其主要著述包括《论大规模军事行动》，十五卷的《法国大革命战争军事批判史》，四卷本的《拿破仑的政治和军事生涯》，《1815 年战局的政治和军事概论》《战略战术综合研究入门》等。

1801 年，若米尼写出了其第一部军事著作《论大战术》。

1803 年，又写出了《大战术理论和应用教程》一书。鉴于该书用教学理论论述战斗队形、战略行军和作战线等内容，论述有些枯燥无味，又常因援引历史事件而中断原意，遂决定向劳埃德学习，用批判和推理的方法描写完整的战争，并打算续写劳埃德尚未完成的《七年战争》一书。

翌年，若米尼对《大战术理论和应用教程》一书作了修订，并将其更名为《论大规模军事行动》第一、二卷，在巴黎出版。接着，又写出《作战线》，并将其作为一章编入该书。

1806 年上半年，若米尼就 1792 年以来法国对反法同盟战争发表述评。9 月 15 日，为内伊草拟了《评同普鲁士发生一场战争的可能性及将要发生的军事行动》一文。10 月，发表《论大规模军事行动》（第五卷）及《评 1792 年以来对反法同盟的几次战局》一文。

翌年，将《论大规模军事行动》的最后一章《战争艺术基本原则》（或称《战争艺术概要》，或称《分析简评战争艺术的主要论点及其与国家政治的关系》）以法文在西里西亚的格洛高单独出版。

1811 年，若米尼完成《论大规模军事行动》第七、八卷的撰稿工作，以及《论大规模军事行动》第二版的修订工作。另受拿破仑之托，撰写 1796 年至 1800 年意大利战局史，并以《法国大革命战争军事批判史》的书名发表。同时，修订出版了《论大规模军事行动》的法文第三版。该书前两版均为八卷本，其中，前四卷写的是弗里德里希战局，后四卷写的是法国大革命战争。而在本版出书时缩为四卷，原书后四卷被删除。

1817 年，若米尼在圣彼得堡出版了俄文版的《论大规模军事行动》。

1824 年，若米尼在波兰华沙帕斯克维奇元帅的住处开始撰写《拿破仑的政治和军事生涯》。这一年他还出版了《法国大革命战争军事批判史》（另名为《法国大革命战争史》）。这本书共分为十五卷，是于 1815 年至 1824 年陆续出版的。该书可以说是若米尼发表的最重要的一部军事批判史，它以战争艺术原理为依据，探讨研究了大量军事事件与这些原理的关系等。该书涉及范围较广，对历史事件的批判较为恰如其分，曾被若米尼自己称之为"有一定成就"的著作。

1827年，若米尼在巴黎出版了《拿破仑的政治和军事生涯》一书。该书共分四卷，虽系战史著作，但对拿破仑1799年以后的军事生涯记述得较为简略，所运用的是18世纪的文学笔调，不仅采用了拿破仑在恺撒、亚历山大和弗里德里希法庭上的自述等假想的形式，而且以第一人称描述拿破仑，从而使拿破仑超越了这个时代，成为与恺撒、亚历山大和弗里德里希等人并列的军事名流。

1829年，若米尼撰写了《干涉性的战争》一文，该文后作为第五节编入《战争艺术概论》。同时，他还为俄文版的《论大规模军事行动》增写了《对战争主要问题的分析评论》一文。

1836年，若米尼的俄文第二版的《战争艺术基本原则》在圣彼得堡出版。同年，他遵照俄皇要求，修订了《论大规模军事行动》一书，以使其成为皇太子和国务活动家的教材。

翌年，若米尼撰写了其献给亲王的《战略概述》，并将之收入《论大规模军事行动》。同时，他还根据书商的意见，将修订增补后的《论大规模军事行动》更名为《战争艺术概论》。

1844年，若米尼出版了俄文第三版的《拿破仑的政治和军事生涯》。

尽管若米尼著述颇多，但其享誉世界的代表作则是《战争艺术概论》（又译《兵法概论》）。该书最早写于1803年，原名为《大战术理论和应用教程》。该书第一卷成书于1803年。之后写出该书第二卷，并于1805年将其改名为《论大规模军事行动》在巴黎出版。该书第三、四卷成书于若米尼在《提尔西特和约》签订后滞留柏林期间。该书第五至八卷成书于

1816 年。

在若米尼任尼古拉一世军事顾问期间，尼古拉一世认为该书很有价值，曾于 1813 年责令将其译成俄文，以作为俄国军事院校的教材之用。于是，若米尼便着手对该书进行修订补充，除对原有章节进行调整外，还就信念战争、民族战争、最高作战指挥、军队士气、作战区、作战线、战略预备队等问题，增设了一些新的章节。1837 年完稿后，根据书商的意见，又将该书更名为《战争艺术概论》，于当年出版了法文版。1838 年出版了该书英文版。1839 年出版了该书俄文版。

1849 年，若米尼又为《战争艺术概论》撰写了"结论"，并将"战略概述""良好战略眼力的养成方法概述"编入该书"续编（一）"。1856 年，又撰写了"续编（二）"。可见，从若米尼最初撰写《大战术理论和应用教程》起，到 1856 年最终完成《战争艺术概论》止，其该书的写作生涯长达 53 个春秋，足以显现若米尼为这部传世之作毕生所花费的大量心血和汗水。该书通过总结法国大革命尤其是拿破仑战争的经验，创立了 18 世纪末期和 19 世纪初期的战争艺术理论，其中提出了一系列至今犹有指导意义的军事理论观点，诸如：

"战争是一幕伟大的戏剧，有上千种精神和物质因素在里面起着不同程度的作用……

"战争的确有几条为数不多的基本原理，若是违反了它们，就一定会发生危险，若是能好好地运用它们，则差不多总是可以成功的。

"在所有兵法的理论中，唯一合理的理论，就是以研究战史为基础的理论。

"学问的主要问题不在于博，而在于精……

"全部兵法就在于善于待机而动。进攻的行动应符合所赋予的目的。

"只有是全民参加的战争，或者至少是在全民中精神振奋而决心捍卫自己独立的、大多数的人参加的战争，才能称为人民战争。

"罗马人有一条著名的古训：千万不要同时进行两个大规模的战争。

"一个统帅的高超指挥艺术，无疑是胜利的最可靠的保证之一……

"一个政府，不论用什么借口轻视军队，总是要受到后人的谴责，由于它轻视军队，不仅不会使国家和军队获得成功，反而会给国家和军队带来耻辱。

"一个文明国家的政府应该常备不懈，以便能随时开始有利的战争。而要达到这一目的，则政府当局一定要有远见，要有良好的军事制度和完善的军事政策。

"在一个长期的和平阶段中，保持军队的战斗力特别重要，因为军队的战斗力在和平时期最容易退化。在这方面最重要的是保持军队的士气，举行大规模演习训练军队。

"假使在一个国家里，那些牺牲生命、健康和财产去保卫祖国的勇士，还不如那些包税者和交易所的生意人受到尊重，那么这个国家就一定是非常可悲的！

"不论国家实行什么制度，作为一个英明的政府，其一贯的宗旨应该是：提高军职的地位，以培养居民的光荣感和英勇精神。否则，这个政府就可能受到子孙后代的谴责，就可能使国家遭到拜占庭帝国的命运。"

············

　　若米尼在《战争艺术概论》中所提出的上述观点，是对当时建立在封建君主制度基础上的旧军事思想及作战原则的否定，也是对法国革命群众和军队所创造的新的军事体系与作战原则的科学概括。因此，受到军界的极大重视，往往把它同克劳塞维茨的《战争论》相提并论。许多国家将之定为军官必修教材，并被奉为西方兵学经典。

第 2 章

创立系统的战争艺术理论

在若米尼诸多的军事著述中，最负盛名的就是《战争艺术概论》。就其军事学术价值而言，的确可与克劳塞维茨的《战争论》相提并论，但与克劳塞维茨《战争论》所不同的是：《战争论》是一部尚未完成的著作，而《战争艺术概论》则不仅是一部经作者反复修改已完成的著作，而且曾被许多西方国家作为军官必读的教科书。英国战史名家霍华德就曾将若米尼的《战争艺术概论》誉为 19 世纪最伟大的军事教科书。

《战争艺术概论》全书共分七章 47 节，前面写有"现代战争理念及其作用概论""战争艺术的定义"等篇目，正文后附有"结论""补遗"，两个"续编"和七幅附图。第一章，战争政策；第二章，军事政策或战争哲学；第三章，战略；第四章，大战术与交战；第五章，战略战术性混合作战；第六章，论战争勤务——调动军队的实用艺术；第七章，论军队的战斗部署和三个兵种的单独或混合使用。共约 38 万字。

该书通过总结法国大革命和拿破仑战争的经验，阐释了 18 世纪末期和 19 世纪初期的战争艺术理论，提出了一系列具有普遍指导意义的作战指导原则。

一、战争确有原理和规律可循

战争确有为数不多的基本原理

19 世纪初叶，尽管在军事界已基本摈弃了中世纪关于上帝主宰世界万物等迷信观念，但变幻莫测的战争结局，仍使当时的军事理论家们对战争是否有一定规律可循持怀疑态度。

比如，法国元帅萨克森在其《幻影》一书的序言中写道："战争是蒙着一层阴影的科学，在这样的阴影之下，人们每走一步都如履薄冰，如临深渊。……一切科学都有自己的原理，唯有战争还毫无原理。"

英国的军事理论家亨利·劳埃德虽然承认有军事科学的存在，但又断言，军事科学所研究的只是军队准备战争的问题，而作战问题则不成其为科学，它只是统帅天才的专长。至于军事学术，既没有任何规则可言，也谈不上什么规律性。

针对这种战争规律的怀疑论，若米尼根据自己亲身的战争实践以及对战史的研究，坚信战争确有原理和规律可循，要取得战争的胜利，就必须遵循这些原理和规律。他写道："战争的确有几条为数不多的基本原理，若是违反了它们，就一定会发生危险，若是能好好地运用它们，则差不多总是可以成功的。"又写道："本书的主要目的，是证明有一条普遍适用于战争中所有军事行动的基本原理的存在。"

他认为，在战争理论中，总是"具有一定数量的规律性原理"，尽管根据不同的情况，一些带有规律性的原理有时需要加以修改，但是一般说来，在混乱和动荡的战争中，却可以把它们当作指南针，指导军队的统帅去完成困难而复杂的任务。

他还认为，所有的作战，如果要想获得成功的话，就必须善于应用战争的原理和规律，而凡是不依照战争的原理和规律的作战，都不能算值得效法的良好的战例，也不可能是成功的战例。因为战争的原理和规律不是个人臆想的，而是本来就存在着的。凡是古今名将的作战，总是不可避免地要与战争的原理和规律暗合，从恺撒到拿破仑，总是自觉不自觉地应用战争的某些原理和规律。

同克劳塞维茨很相似，若米尼在论述这个问题时也很重视"天才"，并强调了天才在依照战争规律制胜的过程中所起的重要作用。他说："毫无疑问，天才，由于其得天独厚的灵感，也可能像最深思熟虑的理论一样，能够很好地运用这些原理。但是，即使是一个简单的理论，只要它不带学究气，不要绝对化的公式，并能言简意赅地指出某些基本原理，那么它对于天才也还是有用的，甚至能促进天才的发挥，提高天才对自己灵感思想的信心。"

尽管战争受着许多偶然因素的影响，使得我们在战争中并无成规可循，即使遵循某种规律，对于战争的胜败，也不一定会发生绝对性的作用；战争的理论，也固然不能像用数学家一样的精确度，来教每一个指挥者在各种可能的情形中如何行动，但战争的原理和规律可以告诉我们，哪些错误是必须加以避免的，这就已经具有十分重要的指导作用了。"这类规律若被一位指挥着一支英勇部队的将领所掌握，那么它们就能成为夺取胜利的可靠保证。"

若米尼还借用弗里德里希大帝的一句名言，讥讽那些否认战争的原理和规律，只知道盲目作战的军人，如同"一头在欧根亲王麾下服役的骡子，即使经历了20个战局，也不会由此成为一位优秀的战术家"。

对此，若米尼还认为，不应该用战争中出现的少数例外事件或偶然因素否认战争规律的存在。他指出，有一些人为了否认战争的原理和规律的存在，常常用某些比较重要然而又似乎与战争的原理和规律不大相符的战例作为其反驳的根据。但是，他们都不愿意对此去作进一步的考察，看看当时的情况是否特殊，对于战争的原理和规律是否应酌情加以修正。他说："即使他们提出的看法是正确的，但也是一次偶然的例外，他们仍然不能推翻根据多世纪经验归纳出来的、以自然法则为基础的规则。"

他认为，在战争的某些部分，尤其是战略方面，一些原理和规律是相对稳定的。但若就整个战争而言，则并非全部如此。尤其是战斗，由于各种各样的因素都对其有影响作用，使得其富有戏剧化色彩，相比之下，可以说是最不科学化的。然而，并不能因此而认为天下根本就没有所谓"战术的规律"，或认为一切战术理论都是无用的空谈。

应该肯定，只要战争现象在许多次的战例中得以反复出现，也就是说，成功的机会多，而偶然失败的机会少，就可以构成我们遵循的原理和规律。不能因为有了偶然的失败，就来否认这种规律的价值。过分重视偶然性的因素，而忽略了原理和规律在一般情况中的影响，实在不是一种持平之论。假使一种理论在实用的时候，能具有3/4的成功机会，就应该值得重视，而不应该认为它是无用的空谈。

战争不是一门科学而是一种艺术

若米尼在强调战争有原理和规律可循的同时，还极力反对把战争原理和规律绝对化和形而上学化的做法，并由此提出了战争不是科学而是艺术的论点。

他在《战争艺术概论》的"结论"中，阐述其作为战争准则的主要论点时指出："从总体上说，战争绝不是一门科学，而是一门艺术。固然，战争的某些部分，特别是战略，可当作接近实证科学定律的教条准则，但就整个战争而言，却又要另当别论了。尤其是战斗，往往背离一切科学方法，向我们展现出的主要是戏剧性场景，表明人员素质、精神状态和其他千万种因素有时起首要作用。士兵投入战斗的激情，群众的军事素质，指挥官的性格、毅力和才能，以及民族和时代的尚武精神，总之，一切可称为战争的诗意和玄想的因素，都将永远对战争的结果产生影响。"

那么，能否就断言没有战术规则存在，或者任何战术理论都无用了呢？有哪位有理智的军人敢于说出如此亵渎神明的话呢？谁会相信，奥地利著名统帅欧根和英国统帅马尔波罗之所以常打胜仗，只是由于他们的个人灵感，或者只是由于他们统率的部队占有精神优势呢？反之，会不会有人从都灵等地的胜利中发现，在这些地方所实施的机动，同在滑铁卢、耶拿和奥斯特利茨所实施的机动相同，而且是胜利的原因呢？

显然，如果运用某条准则并实施机动，能使某些精明的统帅赢得100次胜利，那就不应因为他们偶尔失利而否认准则和机动的功效，否认研究战争艺术的意义。一切战争理论，都不会因为只能保证3/4的胜利概率而毫无意义。

如果军队及其指挥官的精神也能影响军队的胜败，那是因为精神力量也能产生物质效应。例如，两万名勇士对敌线一翼猛攻，比四万名气馁的士兵对敌线同一翼机动，总有更大的把握取胜。因为前者是真正的进攻，而后者不是乘机逃跑就是消极被动。

　　鉴于此，若米尼主张在战争的一般指导中，必须要有最大的自由。应善于依照不同的环境活用作战原则，切不可被固定的规则所束缚。他认为，在战争中，用数学计算的方式行动是最能压抑天才和最容易误事的。他以自己的亲身经历生动地阐释说："我是个将军，参加过12个战局，应该知道，战争是一幕伟大的戏剧，有上千种精神和物质因素在里面起着不同程度的作用，因而它是不可能用数学计算的方式来解决的。"若米尼所说的战局主要是指在一定的时间、空间所进行的一系列战役或军事行动。

　　他又说，拿破仑所指挥的一些辉煌的战役，与其说是属于准确的科学范畴，倒不如说是属于诗的范畴。原因很简单，"战争是以激情演出的话剧，而绝对不是一种数学行动"。

　　还说，有人指责我过分强调了我在著作中阐述的为数不多的原则在实践应用中的作用，对此我要提醒大家并宣布："'战争是一出充满激情的戏，而不是一门精确的科学。''士气、才干、本领和领导人的伟大性格，以及群众的激情，都对战争的结局有重大影响。'但是，当我写完了30个战局的历史和亲自参加了12次著名的战局之后，我可以肯定地说，还不曾有过这样的战例：得到正确运用的原则反倒保证不了战争的胜利。"

　　若米尼还强调指出："战争并非一门精确的科学，而是一出令人恐惧、充满激情的戏，虽然这出戏只是遵循三四条共同原则，但其结果却决定于大量错综复杂的精神因素和物质因素。"

若米尼还从反对带学究气战争理论的意义上指出，在战争指导中，"最能压抑天才和最容易误事的，莫过于那些充满学究气的理论，其基础是一种错误的观念，认为战争是一种真正的科学，一切行动都可以用计算的方式来解决"。

他还反对用所谓实证科学的公理式规律指挥作战，他说："要使自己按照几何规律作战，这就可能意味着给最伟大统帅的天才套上枷锁，意味着被过分的学究气左右。从我这方面来说，我将永远反对这种理论，同时也反对一切无知的辩解。"

若米尼认为，战争理论在18世纪还只有个别的方法和体系，而在19世纪则已经大大丰富和发展了。即使如此，也"绝不能由此得出结论说，战争艺术已达到一步也不需要再向前发展的程度了。在太阳底下，尽善尽美的东西是没有的！就是组成一个由卡尔大公或威灵顿领导的委员会，让我们这个世纪的所有在战略战术方面的名流，以及最高明的工兵和炮兵将军都参加这个委员会，也不能使这个委员会创造出一套对所有军事领域，尤其对战术是完善、绝对和不变的理论。"

当然，若米尼在战争规律问题上，也未能完全摆脱形而上学的影响。例如，他认为战争的原理和规律只有为数不多的几条，并断言"战略原理是永远不变的"。在他看来，军事技术上的发明使军队已经有可能在组织、武器，甚至战术上进行一场大革命，唯一不变的只有战略。从西庇阿和恺撒，到弗里德里希大帝、彼得大帝和拿破仑时代，战略原则都是一样的，因为它们不受自然条件、武器性质和军队编制的影响。这就难免使其对战争规律的研究滑向机械论或绝对化的泥潭。并且，他在强调战争规律变化性的同时，却淡化以致不自觉地否定了规律所具有的科学性，显然也是有失偏颇的。

二、战史是研究战争理论的"不二法门"

战史是研究战争理论的基础

若米尼高度重视战史研究在创立战争理论中的重要作用。他认为，研究战史是"发现战争的真正规律"，深入研究战争理论的"不二法门"。他强调："在所有战争艺术的理论中，唯一合理的理论，就是以研究战史为基础的理论。这种理论虽具有一定数量的规律性原理，但可使一个最伟大的天才，在对战争的一般指导中，能有最大的自由，而不受一些固执的规则所束缚。"

有鉴于此，若米尼曾通过简要回顾当时战争理论研究的现状，说明自己是怎样进行战争理论创建工作的。

在当时的军事作家中，法国将军福基耶尔、法国战术家福拉尔和法国元帅皮塞基尔都很有名。其中，使福基耶尔得以闻名的，是其极有意义的批判和说教性叙述的《战争回忆录》；使福拉尔得以闻名的，是其对波里比阿及其有关纵队论述评论的《军事上的新发现》和《论纵队》；而使皮塞基尔得以闻名的，则是其有关最早战争勤务经验的著作《战争艺术》。

但是，这些军事作家对于自己想要开发的矿山，却都深入得不够。因此，要了解18世纪中叶关于战争艺术的概念，又须研读法国元帅萨克森所著的《幻影》一书，尤其是该书的序言。不过，这一序言中的相关论述是萨克森元帅在弗里德里希大帝发动七年战争之前写的。之后，弗里德里希大帝在霍亨弗里德堡和索尔等地取胜，从而揭开了"七年战争"的序幕。然而，萨克森元帅非但没有冲破其极为不满的所谓战争的"阴影"，反而热衷于制定某种不脱前人窠臼的"体系"。

七年战争后，出现了一些战争理论佳作。如弗里德里希为其将领编写的《将军教令》，使之成为一位军事训练法理论的作家。吉沙尔、蒂尔宾、梅兹鲁阿、梅斯尼尔·迪朗等人就当时的古今战术进行了争论，并发表了一些关于这些问题的引人注目的论著。蒂尔宾对韦格蒂乌斯等人作了评论。戴西里瓦侯爵、圣克鲁茨等人也对军事上的某些领域进行了讨论。戴斯克列姆维尔则出版了一部三卷本的不无价值的战争艺术史。但这些均未扫除萨克森元帅所抱怨的在战争中所蒙着的那种阴影。

此后不久，出现了格里毛尔、吉贝尔和劳埃德。前两人把交战战术和战争勤务向前推进了一步。英国军事理论家劳埃德在其政治与军事回忆录中谈及了战略的一些重要问题，但其中却夹杂了一大堆有关战术部署和战争哲学的枝节问题。尽管如此，也应该承认他是指出战争理论研究正确道路的第一人。他所写的《七年战争史》一书虽然只有两个战局，却比他所写的带有墨守成规性质的其他著作都更有教益。

在七年战争与法国大革命战争之间的一段时间里，在德国出现了很多或深或浅的关于战争艺术各次要领域的著作，如蒂尔克和费施发表的《略论设营术》和《关于军事行动次要问题的规则汇集》；沙恩霍斯特也发表了类似的著作；瓦尔涅里出版了关于骑兵的著作；霍尔岑道尔夫出版了关于机动战术的著作；克文休列尔出版了《野战和围攻战规则集》，等等。但这些著作对军事科学的高级领域均未提出任何令人满意的见解。

之后，法国战术家米拉尔也发表了一部关于普鲁士战术的著作。而该书不仅枯燥地重复了排队形和线式队形变换规则，而且还把弗里德里希的多数胜利都归功于这些规则。

接着，波尔别克、文图里尼和比洛发表了关于法国大革命的几个战局的小册子。特别是普鲁士军事理论家比洛发表了曾在欧洲轰动一时的《现代战争体系精神》（又译《新军事体系的精神》）一书。这虽是一部天才之作，却不过是一个粗制草稿而已，对劳埃德最初所阐述的概念并未增加多少内容。同一时期，德国军事作家拉罗什·埃蒙也写了一部名为《战争艺术初探》的书。尽管该书的缺点是几乎未谈战略，但仍属除战略以外涉及战争艺术所有领域的全面和值得推荐的经典著作之一。

当时，若米尼刚辞去海尔维第军队的营长职务，努力自学充实自己，并专心研究了18世纪下半叶轰动军界的各种军事学术争论。若米尼从中发现，从皮塞基尔，到梅斯尼尔·迪朗和吉贝尔，在他们的著作中，只有交战战术的体系还比较全面，但由于这些体系中的观点往往自相矛盾，因而只能反映一个不尽完善的战争思想。

于是，用若米尼的话说，他开始"转而研究战史，想从伟大统帅们的办法中找到这些作家所不能给予我的答案"。而若米尼从弗里德里希大帝的作战报告中发现，弗里德里希在莱顿（利萨）会战大获全胜的秘密，就是集中他的主力去攻击敌人的一翼而已。

后来，若米尼又从拿破仑在意大利的初期胜利中发现了同样的秘密。这使若米尼意识到，如果在战略上能在整个战争区都采用弗里德里希在战场上所采用的原则，那将发现全部战争科学的锁钥。

随后，若米尼又重新研究了蒂雷纳、马尔波罗、欧根·萨瓦等战局，并把这些战局与特姆佩尔霍夫刚写出的弗里德里希战局加以比较，进一步证实了他的上述发现。并由此深信自己这种通过战史探讨战争理论的方法"已掌握了研究战争理论的不二法门"。

他还在谈及写作过程时阐述道，1803年，他曾写出了《大战术理论和应用教程》第一卷。并于翌年将其分送俄国驻巴黎公使馆秘书德·乌布利尔和法军元帅内伊审阅。鉴于其第一本尝试之作运用教学理论论述战斗队形、战略行军和作战线，有些枯燥无味，若米尼决定向劳埃德学习。

若米尼认为，劳埃德关于军事史的著作，"用批判和推理的方法来描写完整的战争的优点在于：能使事件的叙述和过程有条不紊，保持统一，绝不会影响对主要规律的叙述，因为只要有十个战局作为一个系列就足以说明如何运用所有可能的战争规律了"。

所以，若米尼决定暂时放弃其第一本著作，重新开始写作，打算把劳埃德尚未写完的《七年战争史》写完。这特别符合他的愿望，因为当时他才24岁，经验不足，而要冒犯的却是很多持偏见的人和一些多少是盗名窃誉的人。因此，他需要很多历史事件作为战争理论的强大后盾。从一定意义上可以说，是为了让战争事件本身来说话。所以，若米尼选择了这个他认为最适合各类读者的最后的写作计划。

对此，若米尼这样写道："毫无疑问，一部教学理论著作，不论从其总的目的来看，还是从其对阐述军事科学各个组成部分（这些组成部分不同程度地分散在对这些战局的一些记述中）的远大目的性来看，都应该是最受欢迎的著作。因为我精读过一本详述一个战局的著作，也细读过许多本因循惯例的著作，但是我从前一本书中所得的益处，却比我从后面所有书中所得的益处要大得多。"

于是，若米尼 1805 年出版了其阅读对象为高级军官的《论大规模军事行动》一书。因为这样可使他的写作计划不仅有益于阅读对象，而且也有益于他自己。但由于这一年爆发了对奥地利的战争，致使其仅仅完成了部分计划。

若米尼也确实是身体力行通过战史研究来创立其战争理论的。他在阐释原名为《论大规模军事行动》，后改名为《战争艺术概论》一书写作方法时写到，为了说明原理，"我常用同一事件反复作为例证"。"读者只要了解这些战争事件，就能理解我的种种论证，而对于那些熟悉现代军事史的人来说，也会大有裨益。"

而在若米尼的《论大规模军事行动》一书出版十年后，奥地利元帅卡尔大公于 1813 年出版了其《从 1796 年的德国战局论战略原理》的重要著作。卡尔大公在该书中"结合运用了教学理论叙述法和历史叙述法"。其中，第一卷的内容是战略基本原则，后四卷写的是 1796 年和 1799 年诸战局的批判史，其目的是阐明战略基本原则的实际运用。这部著作不仅为战略科学建立了完整的基础，而且使卡尔大公如同赢得一场大战一样获得崇高荣誉。从中足见战史研究在战争理论研究中所具有的重要作用。

有正确评论的军事史是一所真正的战争大学校

在研究如何从事战史研究的问题时，若米尼曾把当时的军事历史著作大体上分为三种，并阐释了各自的要求和方法。

第一种军事历史著作是纯军事历史。这是一种不为人看重又难写的著作。为了使之对指挥官有益，这种史书要求对细节描写必须详细具体。为此，宁肯写得枯燥也在所不惜。由于为了据此正确地评论战斗状况及战斗活动，所以在当时直至劳埃德发表其概述七年战争的那部不完整的初稿之前，所有军事作家无论如何都离不开官方的作战报告或多少令人厌倦的吹嘘报道。

在若米尼看来，18世纪第一流的军事历史学家包括迪蒙、肯西、布尔斯、佩泽、格里毛尔、列左夫，以及曾把劳埃德的《七年战争史》用德文编译出版的普鲁士将军特姆佩尔霍夫。特别是特姆佩尔霍夫，可以说，他创立了一个学派。其著作虽然在行军和野营等方面有些过细，对战斗还是很有用的，但对整个战争史却完全无益，因为有些内容几乎千篇一律。

从1792年起，这种纯军事历史的著作在法国和德国都大量出现。例如，18世纪法国军事历史学家格里毛尔的《法国大革命初期战局》，普鲁士将军格拉韦尔的《法国大革命初期战局》，叙舍和圣西尔的回忆录，古尔戈和蒙托洛的片断，博韦将军等描写胜利和征战的伟大创举，瓦格涅尔上校和考斯列尔少校的有关交战论文集的选编，乃皮尔的西班牙战争，雷尼耶的埃及战争，拉韦尔恩的苏沃洛夫战局，斯图泰尔海姆的某些记述等。

第二种军事历史著作是更富吸引力的既写军事又写政治的历史。这种军事史著更难写，因为为了避免使所写的历史丧失生动性，往往须写一些恰恰是军事战报优点的细微情节。

在若米尼看来，很多世纪以来，直到拿破仑垮台，尽管有很多政治历史作家如安西尔昂、大塞居尔、卡拉姆津、吉沙尔登、席勒等人，都曾天才地叙述过一些军事行动，但不能把他们列为军事作家。

也确实出了一些好的作品，如富瓦著的《西班牙战争》、马蒂厄·迪马著的《军事事件随笔》，以及凡氏的《手稿》，富有激情且又立论严谨的小塞居尔的《查理八世史》等。但是，在军事—政治历史方面，真正出色的著作只有弗里德里希的《我的时代的历史》。这种著作既要求叙述文体简洁，又要求在政治方面具有渊博高深的知识，同时还要求有足够的军事天才，以便能正确评论军事事件。

第三种军事历史著作是批判史。 这种军事史著"是以战争艺术的原理为依据，专门研究各个事件与这些原理之间的关系"的。虽然这种著作的形式不够引人入胜，但其效果却会是有益的，特别当批判是恰如其分而不是求全责备的时候更是如此。

若米尼似乎更倾向于这种半教学理论、半批判性质的历史著作。并认为，这种著作在推广方面得到了巨大成功，在收效方面也毋庸争辩，并在不同程度上促进了战争科学的发展。

若米尼还由此提到了卡尔大公和包括克劳塞维茨在内的一长串将军所发表的论文在这方面的贡献。尤其是提到了他于1815 年至 1824 年间陆续写成的长达十五卷本的军事历史巨著《法国大革命战争军事批判史》，自诩其军事历史著作都是专门为证明运用原理必胜而写的，并从未忘记为这一优势的观点提供一切事实。虽然他原先对军事史实的记述过于详细，但当他发现此类细节仅对某些战局的记述有益，而不是对整个战争的记述有益时，便在其以后的著述中避免了这一不足。

他曾在研究山地的战略行动时认为："只有历史，但必须是经过推理的、写得很好的历史，才是真正的山地战的学校。"

继而，他还从兵种使用的角度指出："一个高级军官，只有通过对历次战争进行研究，尤其是通过作战实践，才能真正获得为适时而合理地使用各个兵种所需要的知识和眼力。……从而确信：一部有正确评论的军事史确实是一所真正的战争大学校。"

之后，他又从整个战争艺术"结论"的更一般的意义上指出："在认真研究了许多卓越统帅所指挥的一些战局的批判史之后，有人仍然坚持认为既无战争原理，也无合理的战争准则，那么我就只觉得他们可怜，并回敬他们一句弗里德里希大帝的名言：'一头在欧根亲王麾下服役的骡子，即使经历了20个战局，也不会由此成为一位优秀的战术家。'"

"我认为，以原理为基础、得到事实证明，并经过推理的军事史的正确理论，就是一所真正的将军学校。假使这些方法不能造就出伟人，伟人总是在得天独厚的条件下自己成长起来的，那么至少也能培养出一些在伟大统帅中属二流的相当精明的将领来。"

三、战争政策也属于军事所要研究的科学

战争政策是外交与战争之间的一切相互关系

与若米尼同时代的著名军事理论家克劳塞维茨在战争理论上的最大贡献，就是提出了"战争无非是政治通过另一种手段的继续"的经典命题，并基本正确和全面深刻地阐明了战争与

政治的关系问题。

而若米尼在探讨其所谓的战争政策问题时，也不同程度地涉及了战争与政治的关系问题。若米尼在给战争艺术下定义时认为，一般说来，战争艺术分为五个纯属军事问题的组成部分，即战略、大战术、战争勤务、工程艺术和基础战术。但在这门科学领域还有一个主要组成部分至今仍被不适当地排斥于战争艺术之外，这就是战争政策。

在他看来，战争政策虽然与国务活动家的科学的联系要比与军人的科学的联系更紧，关系更密切，并且这个组成部分对下级军官来说可能没有什么用处，但对任何一个总司令来说，却是完全必要的，"因为这个组成部分同所有可能采取的战争计谋和行动都有极深的关系"。

按照若米尼的解释，所谓"'战争政策'就是外交与战争之间的一切相互关系"。若米尼关于战争与政治问题的阐述，主要就是在分析其所谓的"战争政策"时作出的。他一方面认为，政治关系等属于外交政策方面的内容，它"有助于国务活动家判断战争是否适合时机，是否正当，或者是否需要，并决定究应采取哪些行动，以求达到战争目的"。另一方面他又认为，"不同的战争类型，对为达到既定目的所要采取的作战行动的性质、所需投入兵力的数量，以及可能将展开战斗行动的范围，都可能发生某种程度的影响。""一旦决定进行战争，毫无疑问，就必须按照战争艺术原理进行战争。"

由于不同战争所遇情况的不同，各种战斗行动的特点会有很大差别。举例来说，当20万法军想去征服全国团结一致、奋起抵抗的西班牙时，其行动应完全不同于向维也纳的进军，也不同于为迫使敌方接受和平条件而向其他首都的进军。也就是说，对 20 万法军而言，他们绝不应对莱茵河与因河之间和多瑙河与易北河之间的各国政府和人民的精神状况置之不顾，而完全一意孤行地向维也纳进军。同样，法军在同西班牙米纳将军领导的义勇军作战时，其作战方法也应不同于在博罗季诺作战时的方法。

若米尼还据此谈及在不同类型的战争中处理政治关系等外交政策方面的各种考虑。

他在论述所谓"捍卫权利的攻势战争"时提出："当一个国家对邻国提出要求恢复权利时，并不一定总是要用武力来实现这种要求。在决定进行战争之前，必须考虑，从社会利益出发，这一战争是否有利。"

他在论述所谓"政治上取守势而军事上取攻势的战争"时认为，在政治上为维护本国的权利而进行的战争，在军事上完全可以"力争主动，先发制人，首先攻入敌国，而不要在自己的国境内消极等待侵略者入侵"。

他在论述所谓"争权夺利的战争"时认为，在这种战争中，某些强国为取得政治或贸易上的优势而夺占别国有利的天然疆界，或某一国家为极力减弱具有危险性的敌人的力量以及遏制具有危险性的敌人的力量的增长而进行的战争，"与政治的关系，比与军事的关系更大"。

他在论述所谓"有同盟国参加或无同盟国参加的战争"时认为，"如果其他各种条件都相同，那么有同盟国参加的战争总比没有同盟国参加的战争更容易取胜"。

他在论述所谓"干涉性的战争"时强调说："在这类战争中，最主要的问题是：选择一个在政治和军事方面都是专家的总司令，必须明确地与各同盟国确定各自在军事行动中应承担的责任，同时还必须规定出完全符合共同利益的行动目标。"

他在论述所谓"由于热衷征服或其他原因而进行的侵略性的战争"时认为，如果不是出于过分的征服欲望，而是出于国家合理的考虑，那么，在确定战争的规模时，"就应该考虑到这场战争的目的，考虑到在实现作战企图中所可能遇到的来自敌国及其盟国的一切障碍"。并认为，政治不仅将对向邻国的入侵产生影响，而且"对于长距离远征是特别具有决定意义的因素"。

他在论述所谓"信念战争"时认为，这类战争的起因，既有因宗教教义产生的不同，也有因政治信仰产生的差异。还认为，虽然宗教在一些战争中被用为教义，但是，"宗教却往往更被用作夺取某种政治权利的借口或用作达到某种目的的手段"。

他在论述所谓"人民（民族）战争"时认为，引起这种战争的原因之一"是人们出于政治信仰或出于对其制度的神圣的爱，而开赴战场来保卫其最宝贵东西"。

最后，他在论述所谓"国内战争和宗教战争"时认为，这类战争的"起因通常都是不同的政治或宗教派别在意见和思想上发生冲突"。

由上可见，若米尼比较注意从政治的角度考察不同类型战争的起因、目的和作用等问题，它对正确认识战争无疑有着重要的启示作用。然而，其局限性也是显而易见的。

首先，他没有把政治作为独立的因素加以专门考察，而是把它附属于外交、政策的内容之中，因而无形中大大削弱了政治对战争所具有的决定性的影响作用。

其次，他所理解的政治因素，又主要是指诸如恢复或保卫国家的某种权利和利益，援助邻国和履行对盟国的条约义务等一些作为政府加入战争的理由，因而致使整个有关认识都流于肤浅和表面化。

全部战争艺术就在于善于待机而动

若米尼在论述捍卫权利的攻势战争时认为，为捍卫本国利益而发动进攻战争是正确的。但在战前必须考虑战争是否有利，是否会引起第三国的干涉，并且一定要善于待机而动，否则会事与愿违，招致更大的损失。

在他看来，最正确的战争，将是为了恢复不可争议的权利而进行的，能使国家获得与牺牲和冒险相当的真正利益的战争。但在大多数情况下，有争议的和可以提出异议的权利太多，以致战争虽然从表面看也是为了争取继承权、遗嘱权或婚姻权，但实际上只是为了获取利益。

例如，在法国路易十四当政时，西班牙王位的继承是顺理成章的事。因为根据西班牙哈布斯堡国王的遗嘱和家族的支持，应立其孙子菲力浦为西班牙国王，这也符合西班牙人民的普遍愿望。然而，却遭到英国、奥地利和荷兰等国的反对，导致出现了一个反对法定继承人的全欧联盟，引起了一场为争夺西班牙王位继承权的战争。

此次战争中，以法国、西班牙为一方，以英国、荷兰、奥地利、普鲁士等为另一方。起初表现为西班牙王位的各种追求者之间的王朝战争，后来演变为西欧国家瓜分已经衰落的西班牙在欧洲的领地及其殖民地的战争，实际上成为法国和英国为争夺海上和殖民地的霸权的一次大规模冲突。最后，双方签订了《乌德勒支和约》和《拉什塔特和约》。菲力浦的西班牙王位得到承认，英国则从西班牙手中夺得了直布罗陀，从法国手中夺得了北美的许多属地，而奥地利则得到了西班牙在意大利和尼德兰的属地。

在此次战争中，当奥、法两国正在交战之际，弗里德里希二世趁机从档案馆里找出一批古老的文件，并据此率兵进入西里西亚，夺占了这个富省，从而使普鲁士帝国的势力增加了一倍。当时这种解决办法的成功及其重要性似乎是问题的关键，因为假使弗里德里希没有取得成功，他便会遭到人们的指责，这一行动也便是错误的。但由于其当时的行动规模巨大，时机适宜，这就使得弗里德里希的这次突然入侵，像一次可以原谅的突然入侵一样，得到了原谅。

若米尼据此认为，对于进行此类战争绝无成规可循，"全部战争艺术就在于善于待机而动"。进攻的行动应符合对战争所赋予的目的。首先，采取的攻势行动，应是占领可要求归还的土地。然后，为了以在敌国境内对敌人造成威胁的手段来达到预期的使敌人让步的目的，可根据情况和双方兵力发起进攻。在这里，一切都取决于所结的同盟和双方的军事装备。在这种进攻行动中有一个主要问题，就是不要引起第三国的妒忌，以免他们援助被进攻的国家。也就是说，在政策中应预见到这种情况，应预防别国干涉，其方法是向邻国作出一切必要的保证。

力争主动先发制人

若米尼在论述政治上取守势而军事上取攻势的战争时认为，当一个国家面临某一邻国借口有权收回某块土地而发动进攻时，这个被进攻的国家由于对自己的权利有着坚定的信念，很少会不战就放弃这块土地的，总会认为捍卫这块土地是光荣的和理所当然的。

若米尼由此强调，这样的国家"最好还是力争主动，先发制人，首先攻入敌国，而不要在自己的国境内消极等待侵略者入侵"。若米尼认为，从军事观点看，这一切都将取决于交战双方所处的位置。在通常情况下，似乎发动入侵战争比较有利，但也有在本国境内待机破敌的。

在他看来，一个国家机构巩固的大国，如果在国内没有内部纷争，没有后顾之忧，在国外又无须担心第三国的进攻，那么在敌国境内作战当然总是有利的。首先，这个国家可使自己的领土免遭战争的蹂躏。其次，可让敌人负担战争中的耗费。另外，还可争取一切道义上的有利因素，激发自己军队的高涨士气，同时从战争一开始就可使敌人处于惊慌失措的状态。

但从纯粹的军事观点看，一支军队如果在本国领土作战，也可能拥有很大的优势，因为在战场上可控制一切天然或人工的有利地区，可以自由运动，并得到全国、全民及各级政权的帮助和支援。但是，即便说战略原则是不可变动的，也绝不能说战争政策是不可变动的。因为战争政策由于受民意、当地局势和军政领导人的影响，经常会发生变化。往往也正是这种变化使人容易轻信那种粗浅而错误的论断，即似乎战争是没有固定规律的。

若米尼还在此强调："军事科学是有自己的原理的；当与强敌交锋而欲免遭失败时，绝不可违反这些原理，只有战争的政治方面和精神方面发生变化，才允许偏离这些原理，而这种偏离是绝对不可能有把握地预计的。"不过，即便如此，也可对各种可能性进行估计。所以，"必须根据情况修改军事行动计划，但是在执行这些计划时，仍必须遵守战争艺术原理"。同时，制订作战计划必须根据各国具体情况有所区别。例如，当制订对法国、奥地利或俄国作战的战争计划时，其着眼点必须区别于制订对土耳其或其他东方国家作战的战争计划，因为后者的军队虽然勇敢、人数众多，但缺乏组织纪律，没有秩序，不能合理机动，也不能在失利时镇静沉着。

把握局势捕捉战机

若米尼在论述干涉性战争时认为，在一个国家可能进行的所有战争中，最适合和最有利的就是在已开始的斗争中参与的干涉性战争。其理由是，这种进行干涉战争的国家，可与其所帮助的国家共同把全部力量都放到天平的一端，可以改变力量对比，随时参战，也就是说，可以选择最好的参战时机，以便使本国军队的作战行动具有决定意义，从而使战局改观。

若米尼将这种干涉性战争分为两类：第一类是力图干涉邻国的内政；第二类是在适当时机干涉邻国的外交。

尽管对干涉别国内政是否合乎道义有很多争论，但在历史上这种干涉行为却常常发生。如罗马帝国的兴起，有一部分就得益于对别国内政的干涉。而英国征服印度，也是干涉其内政的结果。这种干涉别国内政的行动不一定都能成功。如俄国曾通过干涉波兰内政使其国家威力有所提高，但奥地利对法国内政的干涉结果却恰恰相反。在法国大革命时期，奥地利企图干涉法国内政，结果使自己几乎遭到覆灭。

干涉别国外交似乎比较合法，也可能比较有利。但一个国家是否有权干涉别国外交也是值得争议的。不过，当甲国把纷争和混乱向外扩大，以致危及乙国的利益时，乙国自然有权起对甲国进行干涉。

若米尼认为，为干涉别国外交而发动战争的理由可能有三：1. 受攻守同盟条约的约束，有援助盟国的义务；2. 为了维持国际政治均势的局势；3. 为了避免使已爆发的战争产生于己不利的后果，并从中获取某些利益。

为了证明这种干涉性战争是有利的，若米尼先从政治的观点阐释说，历史上有无数的例证说明，有些国家之所以覆灭，就是因为忘记了这样一个真理：当一个国家允许其敌国无限制地扩张时，这个国家就一定开始衰败。而另一个国家，即使是二等国家，只要能适时运用自己的力量，有时也可成为政治均势的仲裁人。

至于从军事观点看，很明显的是，当敌对双方在战争中处于势均力敌时，第三方军队加入其中某一方的参战，将成为决定性的力量。不过，这种决定作用的大小，将以第三方军队对已开战的两军所处地理位置是否有利而定。

举例来说，1807 年冬季，拿破仑曾冒险渡过维斯瓦河，直抵柯尼斯堡城下，致使自己后方受到奥地利的威胁，前方面对沙俄帝国的全部力量。如果当时奥国能从波希米亚派出 10 万人的军队向奥得河进攻，那么拿破仑就很可能完蛋。然而，奥国却按兵不动，没有进攻，试图等到他们的军队增长到 40 万人时再动手。两年之后，奥国果然用这么多的兵力发动了进攻，却失败了。如果当初奥国能及时用其所有的 10 万人的军队发动进攻，则肯定会轻而易举地决定欧洲的命运。

在若米尼看来，由于有以上两种不同的干涉，又会产生以下几种不同的干涉性战争：

1. 一个国家按条约要求，仅派出辅助军团，作为辅助力量参加干涉性战争；

2. 一个国家作为主力参战，其目的是援助弱小盟国，保卫其领土，将战争区转移至远离本国疆土的地区；

3. 当几个强国联合干涉一个强国时，地理位置接近战争区的国家，也可能作为主力参战；

4. 一个国家可以在战争已爆发之后干涉，也可在尚未宣战之前参加干涉。

若米尼认为，当一个国家根据条约要求，只派出少量兵力参加干涉时，即进行上述第一类干涉战争时，那它只能处于辅助地位，因而作战的指挥权将属于进行战争的主要国家。当作为成员国并派出大军参加干涉时，即进行上述第二类干涉战争时，则情况完全不同。

但在这种干涉性战争中，由于军事上的机遇不同，一个参战国可能有时作为主力，有时又作为辅助力量行动。例如，在七年战争中，俄国实质上是奥、法两军的辅助力量。但在占领旧普鲁士以前，它却是在北面作战的主力。而当费尔莫尔和萨尔特科夫将军率军进入勃兰登堡后，他们就仅为奥军利益而行动。这些远离自己基地的军队，只得完全依赖其同盟军的行动。

这种远离本国的远征，对军队来说是很危险的，对司令官来说则是非常困难的。但这种长距离远征也有有利的一面，那就是本国由于远离战争区，受到敌人入侵的危险将大为减少。在这种情况下，对将领来说会感到艰巨，但对国家来说却是有益的。

在这类战争中，最主要的问题是，选择一个在政治军事方面都是专家的总司令，必须明确确定与各同盟国各自在军事行动中应承担的责任，规定出完全符合共同利益的行动目标。在历史上，多数同盟都恰恰由于事先忽略了这些措施招致失败，或者难以战胜一个虽然较弱但比较统一的大国。

上述第三类或第四类干涉性战争，或称时机有利的战争，由于不仅可以全力参战，而且可以靠近本国国境作战，所以是最为有利的战争。

如奥国在1807年曾有过这样一次机会，但未能充分利用。不过在1813年，它又获得一次类似的机会。当时，拿破仑刚刚在与奥地利接壤的萨克森集中兵力，奥地利趁机以20万兵力从后方对在易北河地区的拿破仑军队实施正面突击。结果，两个月之内，奥地利便收回了已丧失达15年之久的权利，恢复了对意大利的统治和对德国的影响。奥国在这场干涉性战争中，不论在政治或军事方面都获得了很大的利益。

若米尼在分析奥地利在这场战争中之所以能大获全胜的原因时认为，一方面它的这次干涉是在离本国很近的距离上进行的，因而可以展开大量兵力；另一方面它是在战争已开始的情况下参加干涉的，不仅可以全力以赴，而且可以选择最有利的时机。而这两种优势却有着巨大的决定意义。"不仅仅是一些大国，即使是一些小的国家，只要善于把握局势，捕捉战机，就能在斗争中取得优势。"

仅举两个例子就足以说明这个问题了。1552年，尽管当时查理五世是西班牙、意大利和德国的统治者，曾战败过法兰西斯一世，并控制过法国，但选侯莫里斯·萨克森却敢于公然举行武装起义反对查理五世，并一直把战争引向奥地利西南的蒂罗尔心脏，从而制止了这个统治者企图吞并一切的侵略野心。

1706年，萨瓦公爵维克托·阿梅杰对路易十四宣战，从而完全改变了意大利战争的进程，并迫使法军从阿迪杰河岸一直退至都灵城下，遭到惨败。

与这个问题相联系，若米尼还在论述有同盟国参加或无同盟国参加的战争问题时指出："如果其他各种条件都相同，那么有同盟国参加的战争总比没有同盟国参加的战争更容易取胜。这是完全合乎规律的。毫无疑问，一个强国有可能比联合起来反对它的两个弱国取得胜利的把握更大。然而，能得到邻国支援总比孤军作战有利。这样不仅能以同盟的力量来增强自己的兵力，而且还能在很大程度上削弱敌人的兵力，因为敌人不仅要用相当大的部队来对付我方盟国的援军，而且还必须防备其本来根本不可能受到进攻的安全疆界遭到进攻。……没有弱小的敌人，也没有弱小的同盟；甚至是一个大国，无论如何强大，都不可以轻视弱小国家或小型同盟，否则是不可能不受到惩罚的。"

尽量避免两线作战的战争

若米尼在论述两线作战和同时进行两个战争的危险性的问题时，曾在开头就引用罗马人的一条著名古训："千万不要同时进行两个大规模的战争。"并认为，这一原则早已为人所共知，众所公认。

在他看来，出现这种两线作战或同时进行两个大规模战争的情况通常是，一个国家可能被迫同时与两个邻国进行战争，而且尤其不幸的是，该国在此种情况下还无法找到能出于自卫和保持政治平衡而给予援助的同盟。不过，在通常情况下，联合起来反对一个国家的两个国家却很少会同样倾其全力投入战争，而如果其中一个国家仅起助战作用，那么这种战争将如同一种普通的战争。

若米尼认为："有两种战争之间有着很大的差别。一种战争是：一个国家只对一个国家作战，而另外一个第三强国仅以辅助者身份支持后者。另一种战争是：一个国家同时从两面对两个强国作战，而这两个强国将投入全部兵力兵器，以压倒对其造成威胁的任何敌人。"

例如，拿破仑1809年如果只对可能得到某个辅助者按照条约派遣兵力支援的奥地利一国作战，而不是同时对英国所支持的奥地利和西班牙两国分别作战，那情况就可能好得多。前一种战争基本上属于前面说到的普通战争。

在近代的各国统治者当中，恐怕只有拿破仑一人曾主动同时发动过两个甚至三个可怕的战争，即对西班牙、对英国和对俄国的战争。不过，在对俄国的战争中，他得到了奥地利和普鲁士的支援，同时，他还满以为土耳其也会给他大力支持，所以虽然一般人都认为他冒了很大的危险，而他自己却并不以为然。

路易十四、弗里德里希大帝、亚历山大大帝和拿破仑，都曾经遭遇过对付欧洲联盟的大战。显然，如果本来可以避免发动这种任意侵略的战争，那将证明首先发动战争的一方是非常错误的。而如果战争是在迫不得已的和不可避免的情况下进行的，那就必须采取改善态势的措施，力求采用所有可能造成各方呈一定均势的手段和联盟。

虽然反对路易十四的联盟表面上似乎是由于西班牙问题形成的，而实际上则早在路易十四发动前几次侵略致使邻国惊恐不安的时期即已产生。

路易十四当时赖以对付欧洲联盟的，仅仅是与巴伐利亚选帝侯所结的可靠同盟，以及与萨瓦侯爵所结的较为令人怀疑的同盟，而实际上萨瓦侯爵按时增加了参加联盟的力量。

而弗里德里希二世只是由于得到英国的一些经济援助和六个小国5万人的协助，才经受了一场要对付欧洲三个大王国的战争，但其敌国行动的不协调和兵力的不充足，却弥补了其缺乏强大同盟的不足。

这两次战争，以及俄皇亚历山大1812年所经历的战争，几乎都是不可避免的。

法国在1793年曾遭到整个欧洲的攻击，其原因是雅各宾派制造了千奇百怪的混乱局面，随之便是两个党派的严重对立，接着又是吉伦特派的空想造成混乱。然而，法国却奇迹般地从中摆脱了。

鉴于这种两线作战的危险性，若米尼提出了应对这种危险性的方法，他指出："一般说来，应得出这样的结论：必须尽量避免两线作战的战争，而如果一旦发生这种战争，则最好先对邻国中的一个敌国采取克制忍辱态度，到适当时机再报仇雪耻。不过这一规则并不是没有条件的。双方的兵力对比、地形条件，以及为恢复某些均势而争取同盟的可能性，这一切情况都会对受到此种战争威胁的国家的决心产生影响。"

四、人民战争是全民参加捍卫自己独立的战争

一个进行全民抵抗的民族是难以战胜的

若米尼曾作为内伊元帅的参谋长，于1808年6月至1809

年参加了对西班牙的占领，饱尝了人民战争的苦头，对人民战争有着切身的感受，把人民战争或民族战争看作"所有战争中最可怕的战争"。所以，他在论述其战争政策所需研究的问题中，专门探讨了人民战争或民族战争的问题。

他先给人民战争下了一个定义："只有全民参加的战争，或者至少是在全民中精神振奋而决心捍卫自己独立的、占大多数的人参加的战争，才能称为人民战争。"这一定义虽然尚未论及人民战争的阶级性问题，却大体涉及了捍卫国家独立的正义性和全民参加的群众性这两个人民战争的基本要素。当然，他所论述的又主要是指民族战争意义上的人民战争。

同时，他还不自觉地涉及并论述了民众在战争中的地位和作用问题。

他认为，这种全民都自发起来参战的场面是比较少见的，但一旦形成规模，成为英雄壮举，其后果将是十分可怕的。因此，出于对人类利益的考虑，希望永远也不要见到这种景象。他还认为，一支精锐的军队如果碰上一个大民族实施全民抵抗，那将是难以取胜的。这是因为：

首先，战争可以促使民众的力量聚集起来。这种民众自发参战行动的出现，可能由截然相反的原因引起，即被奴役的人在其政府的指使下一哄而起。此时，支配他们的是对本国统治者和祖国的高尚的热爱感。或者迷信思想很重的人们在僧侣的煽动下武装起来，也可能是人们出于政治信仰或出于对其制度的神圣的爱，而开赴战场来保卫他们所认为的最宝贵的东西。

其次，民众参战可以大大增强抵抗者的力量。当入侵者侵入异国境内时，进行此类战争将异常艰难，特别是敌对民族拥有一支纪律严明的军队作为抵抗核心时更是如此。"入侵者所有的不过是一支军队，而他的敌方却不仅有一支军队，还有整个的民族，这个民族普遍或至少多数都奋起进行抵抗，他们利用各种武器，个个致力杀敌，甚至非战斗人员也参加战争，积极杀敌。而入侵者却只能控制其所占领的地区，一离开这个地区就会遇到敌人，敌人千方百计地制造困难，使入侵者寸步难行。"

如果被入侵国家的天然障碍纵横，这种困难就会更大。若米尼还对此作了较生动的描述：武装的居民都熟悉当地的地形，并能通过多种途径很快了解敌方的一切活动，并采取最有效的措施破坏敌人的行动计划。但入侵军则完全不同，他们得不到任何情报，又不敢派出小队人员去侦察情况，他们不用刺刀，就很难获取其他物资保障的方法；他们不采用密集的纵队，就无法保障安全；他们的一切行动都有盲人瞎马之感。

入侵军的每个步骤都可能落空，在经过似乎是周密协调和精确计算的调动之后，当完成快速的疲惫行军或企图实施闪电突击时，又会突然发现敌方除留有营火的余烟之外早已无影无踪。这很有点像西班牙作家塞万提斯在其小说中所描写的悲剧性人物堂吉诃德的境遇，花了很大力气，冲过去对付的却是一盘风磨。而这时他们的对手却在破坏他们的交通线并歼灭交通线上的警卫部队，袭击他们的辎重队和仓库，从而使入侵者在这场带灾难性的战争中久而久之不可避免地被拖垮。

若米尼还在西班牙战争中亲眼看到了与此类似的两个可怕的例子。第一个例子是，当内伊元帅的那个军在西班牙西北部城市科罗尼亚接替苏尔特元帅的军时，若米尼把炮兵辎重队各连配置在贝坦索斯和科罗尼亚之间宿营，即配置在四个旅的配置地的中央，各旅距这些连队 8~12 公里。在 80 公里周围，当时并未发现西班牙的任何部队。苏尔特元帅仍占领着圣雅克—德科博斯特拉，莫里斯·马蒂厄师长率领的师在费罗尔和卢戈，马尔尚将军统率的师在科罗尼亚和贝坦索斯。尽管如此，在一天夜里，这些辎重连队，包括人员和马匹竟突然全部失踪，而若米尼等人却一直不知道这究竟是怎么回事。后来一个受伤的军士得救，从他那里才得知，这些入侵西班牙的法军都被当地农民在教士和僧侣的带领下杀害了。

第二个例子是，四个月后，内伊元帅亲率一个师沿纳维亚河谷去征服位于西班牙西北部的阿斯图里亚斯。与此同时，克勒曼元帅则由莱昂出发，沿着通向奥维耶多的道路前进。而防守阿斯图里亚斯的德拉罗曼军长所统率军队的一部，则冲向纳维亚河谷周围高地的另一面，即离法军纵队不超过四公里的地方。但内伊元帅对此却一无所知。当他进入吉荣时，德拉罗曼的军队便向为警卫整个加利西亚而分散行动的马尔尚将军所部各独立团发起猛烈进攻。这几个团当时面临被各个歼灭的危险。所幸的是，内伊元帅迅速退向卢戈，才使被围的马尔尚师得以脱险得救。

在西班牙战争中，类似的情况不胜枚举。以至于把墨西哥的全部黄金都用上，也难以使法军得到任何情报。西班牙民众让法军所得到的情报往往都是假的，都是为了欺骗法军，使其陷入他们早已布下的天罗地网。

若米尼认为，只有一种情况或许会使入侵的军队有取胜的可能，这就是入侵军的兵力很大，足以占领被入侵国家的一切要点，以掩护自己的交通线，并能派出相当强大的行动支队，以便随时随地消灭出现的敌人。但是，如果敌方也有相当强大的正规军，进而构成全民的抵抗核心，那么，入侵军的兵力就无法在所有的地方都占优势，也无法保障漫长的交通线免遭敌人众多支队的袭击。

他还认为，即使是入侵军在民间也获得一部分的拥护者，形成一个与抵抗者对立的集团，但假使大多数的人民都站在另一边，并据有一切军事资源，那么，少数的居民对入侵军的支援，就不会起多大的作用。

他也看到了民众在战争中作用的某些差别，认为在民众都参战的情况下，民族自发的抗战与一个国家有组织的国防的意义是不同的。

在若米尼看来，为了评价一位军事统帅或某些英勇部队在征服或占领上述这样奋起反抗的国家所遇到的各种障碍，特别需要研究一下伊比利亚半岛的战争，即法国于 1807 年至 1814 年侵略伊比利亚半岛国家西班牙和葡萄牙的战争。

在这场战争中，武装起来的西班牙人和葡萄牙人有 30 万~40 万之众，而支援他们作战的则有由英国统帅威灵顿、将军贝雷斯福德、海军上将布莱克，以及西、葡两国同拿破仑军队作战的将领拉罗曼纳、奎斯塔等人率领的正规军。对此，拿破仑军队竟整整与之对峙了六年之久，这也需要相当的耐心、勇气和忍受力。

应充分利用国家天然地形条件增强抵抗力

关于民众力量在战争中的发挥，若米尼认为，一是抵抗的民族应以纪律严明和相当数量的正规军作为抵抗的核心，否则只能是一盘散沙，难以持久。

二是抵抗的民族应充分利用国家天然的地形条件增强抵抗力。他认为，制海权对人民战争的胜利有很大的影响。如果人民一同奋起，控制着绵长的海岸线，并且拥有制海权，或者与拥有制海权的强国结成同盟，那么这个国家的人民的抵抗力量就会增加几十倍。这就会使起义的烈火便于得到支援，并使敌人可能占领的一切地方都受到袭扰，使之从海上输送给养更加困难。

他还认为："在人民战争中，国家的天然地势，对国家的防御也很有益处。"山地对于守方特别有利，山地国家往往是其人民最为敌人害怕的国家。深林狭路也同样有利于防守作战，富有辽阔森林的国家也是其人民最为敌人惧怕的国家。

若米尼又认为，瑞士人反抗奥地利和反抗勃艮第王国的斗争，西班牙加泰罗尼亚人1712年和1809年的斗争，俄国人在征服高加索民族中所经历的困难，以及奥地利西南蒂罗尔人的再次起义，这一切都足以证明："山地人比平原人的抵抗更能持久。这不仅是他们的特点和性格不同，还因为他们国家的自然条件不同所致。隘路丛林和悬崖绝壁一样，都有利于这一类防御。"

法国西部旺代地区用以划分私人领地的篱栅和壕沟都很大，致使每个牧场都成为一个多面堡，只有本地居民才能克服这种障碍。这也证明，所有崎岖不平的山地国家，即使仅有横断的围墙、峡谷和沟渠，只要人民愿意英勇捍卫，就都对防守有利。

若米尼虽然看到了民众在战争中具有重要作用，但又脱离战争的性质，抽象地认为，这种民族性人民战争的后果十分可怕。因此，出于人类利益的考虑，以军人的身份，他宁可看见那种具有狭士风度的古代战争，也不愿看见这种有组织的大规模的屠杀行为。他还抹杀了民众的阶级属性，认为一个政府为了在政治上谋求统一，使用兵力来对付自己的人民是情有可原的，为了在民族战争中获胜，"必须使用一切可能的方法来安抚人民的情绪"，并"广泛采用恩威并用的手段"。这些都是我们在其人民战争论述中需要剔除的糟粕。

五、优秀的统帅是战争取胜可靠的保证之一

具有常胜威名的统帅是促使军队取胜的强大武器

若米尼非常重视将帅在战争中的作用及对其选拔问题的探讨，在论述政府和统帅所需采取的一切军事手段的"军事政策或战争哲学"一章中多次论及军队统帅问题，并专辟有"军队统帅和高级作战领率机关"一节。

他在论述影响战争胜败的几种因素时特别提出："与人民攸关的战争起因和具有常胜威名的统帅，这是鼓励军队士气，并促使军队取胜的强大武器。"

他认为，军队统帅应竭尽全力使自己的战士精神振奋，激起他们的战斗激情，并设法抑制敌军的这种激情。由于各国人民的特性不同，因而用以激发这种激情的原因和手段也会有所不同。其中，军事上的雄辩术是一种行之有效的方法。像拿破仑和帕克维奇将军对军队的号召，以及苏沃洛夫等统帅对军队的训词都简明有力，堪为典范。

他还认为，作战双方军队司令官的积极性和无畏精神，是战争胜败的重要因素。任何政府和统帅，都应随时考虑自己军队的内在价值，并将自己军队的力量与敌军加以比较。

比如，一个俄国将领，当其指挥着一支在欧洲算是最坚强

组织的军队时，能在开阔地区轻而易举地战胜一支不论其人员如何勇敢但无组织无纪律的军队。而同样是这位俄国将领，指挥着同样的那支军队，但所遇到的是一支在训练和纪律上大致与俄军相似的其他欧洲军队时，其行动就要慎之又慎了。并且，用同样的手段对像马克将军那样的统帅作战能够取胜，而对拿破仑作战却可能会惨败。这是因为一支训练有素、纪律严明的军队与一支乌合之众的军队的内在价值是不同的。

若米尼由此指出："一支精锐的军队，在才能平庸的司令官指挥之下，能够创造出奇迹。而一支并非精良的军队，在一位伟大的统帅指挥之下，也能创造出同样的奇迹。但是如果总司令官的超人才能还能再加上精兵，就一定能创造出更大的奇迹。"

若米尼还强调："一个统帅的高超指挥艺术，无疑是胜利的可靠的保证之一，尤其是在交战双方的其他条件都完全相等时更是如此。"

虽然在历史上一个伟大统帅被一个庸才击败的例子也是有的，但一个例外并不能构成一个定律。譬如，当命令被部下误解，或出现偶然情况，就可能使原本为名将创造的成功条件转而有利于敌军，这是一种既不可预见，又难以避免的偶然性。尽管军事科学是一种能使所有可以预见到的幸运有利于自己的艺术，但这种艺术却并不能完全适用于变化无常的命运。

基于此，若米尼特别强调将帅选拔工作的极端重要性，指出："假使统帅的机智是取得胜利的主要因素之一，那么就不难理解，对统帅的选择，是国家管理科学中的复杂问题之一，也是国家军事政策中重要的部分之一。"

他批评说，不幸的是，在选择统帅时，通常总要受到偶然性、年龄、个人好恶、忌妒心理、党派倾轧，以及以貌取人等不良因素的影响，因而难以公正地选贤任能。

他认为，要想选拔出真正的将才，首先，负责选拔的人须是军人，且善于对人进行分析判断。毫无疑问，如果在选拔时有一位过去曾打过胜仗的名将，那么这种困难就会减少。不过，打过一次胜仗的将军不一定就是个伟大的统帅，而且有的国家又往往找不到常胜将军。曾参加过美国独立战争和法国革命战争的法国元帅茹尔当，以及曾担任法兰西督政府陆军部部长的什雷尔，就可作为说明这种情况的例证。

并且，在经过长久的和平时期之后，也可能在整个欧洲都很难找到一个曾担任过总司令的将军。在此种情况下，要根据个人的表现来确定哪个将军更好就较困难。虽然有的人平时服役时间长，资历最老，并获得了相应的官衔，但这种人却很难成为担任军队总指挥的合适人选。

为避免用人不当，应尽可能找一些可靠并与公众接触较多的人做顾问，力避不应有的好恶和偏见。就像法国作家费内隆在其小说《泰勒马克》中所描写的那样，找一个可靠、忠实、豁达的费洛克莱斯，而费洛克莱斯则处于国王和竞相争夺军队指挥权的将领们之间，由于其与公众接近较多，可能帮助国王选拔出德才兼优的名将。不过，即使这样可靠的朋友，也仍然会受到个人好恶的影响，也不能完全保证自己不受成见左右。

包括公众的意见，也有其许多无把握和不可靠之处。如原法国陆军部部长迪穆耶虽然对大战一窍不通，却被公众当成了恺撒。同样，如果不是由于有两个领袖人物了解拿破仑，仅按照民意在当时是不可能把他选为意大利军团总司令的。然而又必须承认，虽然公众意见难免会有错误，但对公众意见仍不可忽视，尤其是当公众经历过严重危机并具有判断事件的经验时更应如此。

在若米尼看来，统帅的才能包括两方面，一方面是善于审时度势和计划行动，另一方面是善于亲自使行动计划付诸实施，直至成功。但他又强调，选用高级统帅，最主要的还是看个人的素质和品格。并认为，军队统帅包括一个军队的总司令，其最主要的素质及条件应是：

其一，顽强的性格。军队统帅或总司令必须具有顽强的性格和勇敢的精神，能够作出伟大的决定，遇事冷静沉着，具有体魄上的勇气，不惧怕任何危险。

其二，良好的品性。军队统帅或总司令应是一个勇敢、正义、坚定和公正的人，能够尊重而不忌妒别人的功绩，并能利用这些功绩来增加自己的光彩。

其三，精通战争理论并具有实际指挥能力。学问对军队统帅或总司令能起有力的辅助作用。但不应一谈到学问，就认为应该博学，实际上应该知道得少而精，特别应该力求深刻而透彻地掌握战争指导原则。

同时，有能力担任高级统帅的人，必须具有军事天才和应用的素质，富有经验并习惯于指挥军队。常常有人提出这样一个问题，一个富有指挥军队经验的将领和一个来自参谋部或其他专业兵种但缺乏指挥经验的将领，哪个更适宜于担任军队的统帅？毫无疑问，战争本身完全是一门特殊的科学，一个本身并未指挥过一个团对敌作战的指挥官，也可能巧妙地计划和指挥军队联合作战。彼得大帝、孔代、弗里德里希和拿破仑都可作为这方面的证明。因此，不可否认，来自参谋人员的将领，同样可以成为伟大的统帅。但在其他条件完全相等的情况下，一个出身于参谋、炮兵或工兵，并指挥过师、军的将军，将比一个仅熟悉一个兵种或一个专业的人占优势。

弥补将帅缺欠的最好办法是组建统帅部和总参谋部

若米尼认为，如果将帅是一个军事天才，那么即使他的部下和僚属的能力都不算太好，他仍然有获得决定性胜利的希望。

然而，真正伟大的统帅又不可能是很多的，而且选拔将帅是十分困难的。因此，当找不到一个屡经考验确富天才的伟大统帅时，最好的办法就是按以下原则组建军队的统帅部。

其一，找一个勇敢果断、在危险面前坚定不移、久经考验的将军，来担任军队的总司令。

其二，指派一个具有高能力和坦率诚恳性格并能与总司令完全协调行动的人担任参谋长。胜利者的荣誉是相当大的，足可把一部分分给有功的朋友。普鲁士元帅布吕歇尔就是这样与其参谋长格乃泽瑙和缪弗林格合作，才获得了其一个人难以获得的荣誉。尽管这种双重指挥无法同弗里德里希、拿破仑或苏沃洛夫等人的指挥相提并论。但在没有一个人能具备伟大统帅全部军事天才的情况下，这可能是最好的解决办法。

鉴于要保证合理选拔总司令较为困难，若米尼还提出要给总司令增设一个得力的参谋部。这个参谋部可采用将领会议的形式，以使其能真正对作战过程产生影响。

他曾由此探讨了实施战争指导的两种军事会议。

第一种是在军中召开的军事会议。若米尼认为，为重视对作战行动的指挥，当时几乎所有的军队大都在军中召开军事会议。如果会议参加者是些很平庸的统帅，那么他们在军事会议上往往会听到比自己的意见更好的意见，甚至与会的多数可以定下比他们更好的作战决心。但假使这一作战计划不是由拟订者而是由别人执行，那它就很难带来多大的胜利；假使这一作战计划不是出于总司令本身的意愿，或总司令对其真实用意并不完全理解，那也不能指望执行这样的作战计划会获得胜利。

若米尼曾当过法军参谋长和俄国皇帝的军事顾问，并多次参加类似的军事会议，对此类军事会议的弊端体会颇深。在他看来，参加这种军事会议的人越多，军阶越高，事情往往就越难办。因为只要稍微出现一点意见分歧，真理和理智就很难再占上风。

他还假设拿破仑在类似的军事会议上，以顾问的身份，就向阿尔科莱进军、实施里沃利会战计划、越过圣贝尔纳山口行动，以及在乌尔姆或格拉和耶拿实施机动等问题提出建议，那么，一种情况是，一些胆小的人可能认为这些行动是鲁莽甚至是疯狂的，而另一些人则可能因这些建议会遇到重重困难而否定之。另一种情况则与此相反，军事会议虽采纳拿破仑的建议，但不是由拿破仑而是由别人去执行，那么这种建议最后仍不免会遭到失败。

因此，若米尼认为，这种军事会议对总司令的帮助是很有限的。也就是说，这种起咨询作用的军事会议只有在其意见与总司令的决心完全一致的情况下，才能起到有益的作用。因为此时总司令才会更坚信自己的决心，才会相信其部下均已领会了他的意图，并竭尽所能来保证其意图的实现。否则，假使这种军事会议难以统一意见，反而发生分歧，那这种军事会议就只会产生不良的后果。

第二种是政府在首都召开的军事会议。若米尼认为，这种会议的唯一职责应该仅限于通过一般的作战计划。也就是说，这种作战计划不应对整个战局的进程规定过细，不应束缚将领们的行动自由，否则必然会导致失败。

这种作战计划所决定的范围应仅限于：规定作战的目标，作战采取攻势还是守势；规定所需物资器材的数量，以保障战争初期作战的需要及预备队的需要等。虽然这些问题都应由政府所召集的将领和大臣会议加以讨论，但这种会议的活动应仅仅以此为限。因为假使这种会议自认为不仅有权命令向维也纳或巴黎进攻，而且还有权给军队规定为达此目标所应采取的机动方法，那么这个不幸的总司令就败定了。

若米尼说："毫无疑问，一个能保持优良传统不断得到发扬的总参谋部军官团，将永远是一个最有益的和最成功的机关。"但应防止他们对战争理论原则的理解有误，否则就会葬送这个机关。如弗里德里希大帝在创办其波茨坦军事学院时，根本就没料到，他会把普鲁士将军吕歇尔在耶拿会战中的斜形战斗队形作为一切交战中取胜的最可靠的护身符加以采用。从真理到谬误之间往往仅有一步之差。

此外，应力避在总司令和参谋长之间发生冲突。虽然总参谋长应从总参谋部的优秀的军官中选拔，但总司令一定应有权选择一个最能同其协作的人来担任这一职务。假使给总司令指派一个反对其意志的参谋长，将会使部队出现无政府状态。而假使完全由总司令自己选定参谋长，如果总司令本身庸碌无能就可能从其崇拜者中选择一个微不足道的人物，其结果危险会更大。要避免出现这类不良现象，有一个折中方法，就是由上级给总司令提出好几个有才能的将军，然后再由总司令自己从中选择。

显然，将帅与参谋长必须保持着绝对的和谐。参谋长必须是一个能力高强的人，假使将帅缺乏拟订作战计划等能力时，参谋长就应尽可能协助他。如果将帅与参谋长合作得不够密切，时起摩擦，那么军队的命运也就可想而知了。

六、培养鼓励民族和军队的尚武精神

要使国家强盛必须培养人民的尚武精神

克劳塞维茨在《战争论》中曾提出了"军队的武德"的概念，着重论述了军队及军人的精神因素。若米尼则在《战争艺术概论》中更广泛地提出了"民族的尚武精神"的概念，着重阐明应建立关乎国家兴衰的军事制度。这就有点近似于我们今天所倡导的增强全民族的国防意识。

若米尼特别强调培养民族尚武精神对于国家兴衰存亡所具有的重要意义，指出："如果政府不采取措施培养人民的尚武精神，那么它为建设军队而采取的一切措施也都将是徒劳的。"在他看来，如果在伦敦旧城的金融中心区，一个最富有的银行家的头衔可以比一个军功勋章获得者更加为人所尊敬，那么这个国家迟早会被邻国征服。

例如，罗马的全盛时期，罗马人把国家的强盛归功于人民的勇敢精神和尚武精神。后来他们逐渐丧失了这种美德，不再把服兵役作为光荣的义务，而把保卫国家的责任交给外籍的雇佣兵，因而罗马帝国的衰亡也就不可避免了。

无疑，凡是能增加国家福利的一切因素，都不应忘记或忽视。即使对平凡而勤劳的人们也必须尊重，因为他们是国家繁荣的主要因素。

但是，必须使这一切作法永远服从能形成国家力量的伟大制度。为此，就必须鼓励整个民族的尚武精神。政策和公道在这方面是完全一致的，因为不管圣·路易时代的巴黎市长布瓦洛怎么说，只要仿效恺撒不怕牺牲的精神，就比那些庸人利用国家多事之秋来养肥自己要光荣得多。

若米尼由此特别指出："假使在一个国家里，那些牺牲生命、健康和财产去保卫祖国的勇士，还不如那些包税者和交易所的生意人受到尊重，那么这个国家就一定是非常可悲的！"

鼓励尚武的第一种方法，就是使军队受到普遍的尊重和关怀。第二种方法，就是保证那些曾为国家服兵役的人，对充当政府官员享有优先候补权，甚至可以规定某些职务须服役多少年方可充任。

然而，近代的有些乌托邦主义者反对军官参加社会生活，转任文职，并主张只有能说善辩的人才可充任政府的一些高级职务。的确，有很多职务要求有专业知识。但军人完全可以利用和平时期相当多的空余时间来学习他们为祖国服役期满后将为之献身的职业所需专业知识。

可能有人会认为，轻易从军职转为文职，对提高士气可能有害，因此，为巩固士气，应使军人没有可能在军外谋求职业。如埃及、土耳其、英国、俄国等国的军队不允许军人转任文职。但把服兵役规定为居民临时义务的国家，则应另作别论。如罗马的法律规定，必须在军团服役满十年，才有权转任各种文职，这可以看作保持旺盛士气的一种真正较好的方法。在争取物质福利的倾向已在社会占统治地位的时代更是如此。

在若米尼看来，"一个政府，不论用什么借口轻视军队，总是要受到后人的谴责"。因为轻视军队不仅不会使国家和军队获得成功，反而会给国家和军队带来耻辱。我们虽然不主张政府应为军事牺牲一切，因为这种主张是荒谬的。"不过军队总应该成为政府经常关注的对象"。

如果国家的统治者自己没有受过军事教育，那他在这方面就很难达到其应达到的目的。遗憾的是，一国之主缺乏军事教育的现象极为普遍。在此种情况下，为了弥补这一不足，"必须建立起英明、富有远见的制度，其首要的部分当然是良好的征兵体制和良好的国民后备军体制"。若米尼认为："有关支配军队的制度是政府军事政策中重要的组成部分之一。"

但在事实上，有些政府往往不允许国家元首采取最好的军事体制。不过，古时的罗马共和国、法兰西共和国，以及路易十四和弗里德里希大帝的军队都曾证明，即使各国政府的组织原则不同，也能有良好的军事组织和英明的作战指挥。尤其是现代的政府形式都能在很大程度上促进国家军事力量的发展，提高国家民兵的真正军事价值。

然而，当国家的财政权控制在某些代表地方利益或代表狭隘小集团利益的人的手中时，行政当局的各种军事考虑将受到严格限制，甚至一些细节问题也可能被完全否决。由于误解，可能有许多人会认为这样的政府不是代表全国利益的领导机构。同样，人民滥用自由也会引起这样的恶果。正因如此，即使一个最有远见的政府，本可根据国家的最大和长远的利益行事，甚至组织抵抗敌人有准备的突然袭击，也会在这种情况下难以对大战预做准备。

当然，这并不是主张国家要从早到晚都剑拔弩张，天天准备打仗。这种情况对人类来说简直是一种祸害，而且从当时国家的情况看，也是不可能出现的。但必须指出："一个文明国家的政府应该常备不懈，以便能随时开始有利的战争。而要达到这一目的，政府当局一定要有远见，要有良好的军事制度和完善的军事政策。"

为此，必须坚持巩固军队战斗力的制度。若米尼认为，"在一个长期的和平阶段中，保持军队的战斗力特别重要，因为军队的战斗力在和平时期最容易退化。在这方面最重要的是保持军队的士气，举行大规模演习训练军队。"尽管这种演习对真正的战争还模拟得很不完善，但不可否认这是训练军队准备战争的最有效方法。此外，为使军队养成吃苦耐劳的风气，还应使他们经常参加一些有益于国防的劳动。

同时，应完善奖励和晋升制度。平时的奖励和晋升固然应重视年资，但绝不可忽视功绩。在平时，应有3/4的军官按职资晋级，而其他1/4的军官则应按选拔的原则，根据各人的才能和勤奋程度决定晋升。在战时，按职资晋升的办法应停止或减少，仅给1/3的人员按职资晋升，其余2/3的晋升名额应分给能力出众或战功卓著的人员。

还应建立发展武器装备制度。虽然单有武器装备的优势还不能赢得战争的胜利，但武器装备的优势却可以增加和促进战争胜利的机会。因此，武器装备应不断得到日新月异的发展。军队的武器装备如果不能超过邻国的话，也至少应和邻国一样完善。在发展武器装备方面掌握主动权的国家，可以保证自己占有巨大的优势。

在此基础上，若米尼对一个英明政府所应采取的基本军事政策的要点作了如下归纳：

1. 一个国家的君主必须既受过政治教育又受过军事教育。因为他在自己的谋士中要找到精明的行政长官比较容易，而要找到国务活动家或军事家则比较困难，所以他自己应成为这样的国务活动家或军事家。

2. 如果一个国家的君主不能亲自统率军队，那么其最重要的责任和最应关心的问题，就是找一个称职的代理人，即委托一位在指挥军队方面最有才干的将军负起国君的职责和维护国家的安全。

3. 常备军不仅应经常处于能战状态，而且还应在必要时能利用早已适当准备的后备队进行扩编。军队的训练和纪律都应适应先进编制的要求；军队的武器装备如果不能超过邻国的话，至少也应同邻国一样完善。

4. 全部物质器材都必须优良并有储备。对邻国所发明和采用的一切有益的新东西都应尽量采用，而不应受到一些不必要的民族自尊心的影响。

5. 应重视对军事科学研究的保护和奖励。对有军官热心研究军事科学的部队应给予尊重和荣誉，这是军队从各方面吸收具有专长和功勋的人才的唯一方法。

6. 总参谋部应在平时倾全力做好战争准备。总参谋部资料室应拥有大量的战史资料，以及为现在和将来所需的各种统计、地理、地形和战略等方面的文件。尤其是当和平时期总参谋长和部分军官常驻首都时，应使之成为所有参谋人员的资料室，同时建立保密室，以专门保管对初级军官保密的文件。

7. 绝不可忽视搜集有关邻国军事地理和军事统计的情况，以了解敌人在进攻和防御方面的物质和精神能力，并判明敌我双方在战略形势上的优劣。这种工作应由最优秀的军官来做，并应对完成任务出色者给予奖励。

8. 当决定进行战争时如不能制订详细作战计划，至少应制订出一个概略计划，以明确作战目标，并保障建立作战基地，供给一切必需的物质器材，从而保证整个战争的胜利。

9. 概略作战计划应包括：战争的目的；将与之作战的敌人的特点；国家的自然条件和物质资源；双方民族特性及双方军政领导人的特性。概略作战计划应考虑敌人在进攻和防御方面可能用以对付我们的所有物质和精神能力，还应注意战争期间敌我双方各自可能争取与之缔约的同盟，因为这会影响预计成功的机会。

10. 绝不应忘记国家的财政状况。应把财政状况与决定战争胜负的其他军事因素同等看待。尽管财政状况对各国战争胜负的影响各异，但从整体看财政状况对战争胜负的影响并不亚于其他军事因素。

若米尼由此指出，历史证明，最富的民族并不一定是最强大的，从军事力量的天平上看，钢铁至少和黄金一样重。但是仍需毫不怀疑地承认，"要使一个国家具有强大的国力，并能经受长期战争，就必须要有英明的军事制度、爱国精神、大量财富和社会信用，而且要能把这些因素很好地结合起来"。

若米尼还特别强调指出："不论国家实行什么制度，作为一个英明的政府，其一贯的宗旨应该是：提高军职的地位，以培养居民的光荣感和英勇精神。否则，这个政府就可能受到子孙后代的谴责，就可能使国家遭到拜占庭帝国的命运。"

要使军队永远具有并保持压倒一切敌人的优势

若米尼在阐述培养人民尚武精神的同时认为："单在居民中提倡尚武精神是不够的，还必须也在军队中鼓励尚武精神。"因为如果军队本身没有这种英勇精神，那么，即使公民尊重军人，即使提高作为公民义务的服兵役的地位，也不可能在实际中带来好处，反而很可能致使国家的军队成为一支人数众多，但没有价值的警察部队。

在他看来，军队的激奋精神和尚武精神虽可产生同样的效果，但它们却是两种不同的素质，不可混为一谈。激奋精神是政治或宗教信仰，以及爱国心等暂时感情冲动的结果；而尚武精神则是统帅领导艺术和军事制度所产生的结果，它受环境影响较小，应受到任何具有远见的政府的重视。

关于如何在军队中鼓励尚武精神，若米尼提出，其一，要具有自我牺牲精神、英勇精神和责任感。必须使军官和一般干部坚信，自我牺牲精神、英勇精神和责任感都是美德，如果没有这些美德，任何军队都不可能得到荣誉并受到尊敬。

必须使人人懂得，在失败时仍坚定不移，比在胜利时精神振奋更为可贵。因为只要有勇气，即可攻占敌人的阵地，可是若在强敌攻击之下，则尤其需要具有英雄主义的精神，才能完成艰巨的退却，而不致造成混乱，并且使敌人遭到顽强的抵抗。所以，对完成一次巧妙的退却，也应像对获得一次最辉煌的胜利一样给予奖赏。

其二，要养成吃苦耐劳的习惯。若米尼指出："平时就应该使军队受到艰苦的锻炼，养成吃苦耐劳的习惯，不要无事可做；应该使军队永远具有并保持压倒一切敌人的优势；应该提高军队对建立伟大功勋的荣誉感。简而言之，提高军队士气的最有效方法，就是鼓励勇敢，处罚懦弱，并使人人把胆怯视为可耻。"

在历史上，罗马军团衰亡的主要原因就是娇生惯养。在西庇阿时代，罗马军团的士兵在非洲的酷暑烈日之下作战时，都不觉穿戴甲胄疲劳，令人望而生畏。而后来在日耳曼和高卢的凉爽天气之下作战时，却反而觉得甲胄太重了，于是罗马帝国的末日也就来临了。

其三，要严明军队的纪律。若米尼提出："必须使纪律深入思想和信念而不流于形式。"假使部队不严，又不懂得秩序是安全的保证，那么即使是最勇敢的军队也可能出现突然恐惧现象。

例如，10万土耳其军队在彼得瓦拉登被欧根·萨瓦亲王击溃，和在卡古尔被鲁缅采夫击溃，并非缺乏勇敢精神，而正是由于他们无秩序的攻击被敌人粉碎后，士兵各自逃生成了乌合之众。

若米尼指出："'一致'可以产生力量，秩序可以保证一致，而纪律又是秩序的先导。如果没有纪律和秩序，是绝不可能取胜的。"而出现惊慌失措情绪的军队，必然会纪律紊乱，军心涣散，众人的意志不可能统一和协调一致，指挥官的命令也得不到贯彻，任何恢复战斗的行动都得不到执行，于是唯一的出路只能是狼狈可耻的逃跑。

一个怀有强烈幻想的民族最容易受到这种恐惧症的感染，甚至连法军也不例外。如法国元帅维拉尔的步兵在1704年的弗里德林根会战获得胜利后，曾出现过莫明其妙的恐惧。拿破仑的步兵在瓦格拉姆胜利后、敌人已全退却时，也曾出现过这种情况。

显然，当部队被打散时，如果慌乱逃跑，会比组织起来一致进行抵抗或重新迅速集中起来更容易遭到伤亡。在这方面，俄军可作为欧洲各国军队的典范。俄军在退却时往往表现得非常坚定，这一方面是由于民族性格的影响，另一方面则是由于其具有严格的纪律条令。

实际上，这种混乱恐惧现象在很大程度上是由于部队平时没有维护秩序的习惯，或长官没有采取预防措施。所以，除有某些特殊的情况外，如果平时能养成维持秩序的良好习惯，采取巧妙的预防措施，并有严格的纪律，就一定能对改变这种状况有很大帮助，即使不能完全避免惊慌失措，至少也能迅速恢复秩序。

其四，不要过分轻敌。如果过分轻视敌人，一旦遇到敌人顽强抵抗，军队的士气就可能动摇。而拿破仑在耶拿会战之前，在对拉纳的军队训话时，既称赞了普鲁士骑兵的英勇，同时又预言说，普鲁士骑兵终究抵抗不了法军的刺刀。

七、战略是进行战争的艺术

战略要研究有关作战计划的最主要问题

在若米尼看来，战争艺术通常包括各不相同的六个部分：战争政策、战略、大战术、战争勤务、工程艺术和基础战术。而其《战争艺术概论》一书，则"只研究前四部分的主要内容"，而不包括研究属于独立学科的工程艺术和基础战术。

那么，应怎样进行战略研究呢？若米尼认为，战略"首先要研究的，将是有关作战计划的最主要问题"。

研究战略所遵循的程序，将与研究战术恰恰相反。按照研究战术的程序，应首先从细节着手，然后再研究军队的编成及使用。也就是说，为了学习战术，必须先进行排演习，再进行营演习，后进行线式演习，并依次转入学习小规模野外战斗行动、现地配置、行军、军队编成等。而研究战略，则应由上着手，即由作战计划开始。若米尼由此设想了有关作战计划的主要问题。

在我们面前有一支准备作战的军队，作为这支军队的总司令，首先要注意研究将要进行的战争的性质，并与政府有一致的认识。其次要仔细研究战场的情况，然后按照政府首脑的要求，根据本国边境和盟国边境的情况，选定一个最适宜的作战基地。

选定了作战基地，再有预定的作战目标，就可以确定应该选择的作战地区。作战地区确定后，总司令应预定军队的第一个作战目标，并选择一个能达到这个目标的作战线。在选择作战线时，应使其能有一个最有利的方向，以保障军队不会遇到大的危险并有最大可能获胜。

当军队沿这条作战线移动时，将有一个作战正面和一个战略正面。如果在该正面后方将有一条可作为依托的防线，则军队应谨慎行动。在作战线或防线上各个军要占领的临时阵地将成为战略阵地。

当军队接近其第一个目标并遇到敌人开始抵抗时，应对敌发起攻击或实施机动，以迫使敌退却。为达此目的，这支军队应预定一条或两条战略机动线。

为保证战略正面和作战基地之间的联系，还要根据军队前进的情况，建立宿营地线、补给线和补给站，等等。

假使作战线向纵深延伸过长，并在可对其造成威胁的距离上有敌军一些支队存在，须在两个方案中进行选择：1. 对这些支队进行攻击，并迫使其退却；2. 继续按原计划对敌军行动，而对其辅助支队或置之不理，或仅限于进行监视。假使决心采取第二方案，将会出现双重正面——战略正面和大支队正面。

当军队接近作战目标而敌欲行抵抗时，就会发生交战。假使冲突难分胜负，就将出现暂时对峙状态；假使交战获胜，就将继续进攻。

假使作战目标是夺取一个重要的要塞，就会发生围攻战。如果围攻部队兵力不足以发动进攻，就应在这一要塞附近占领一个战略阵地以掩护围攻部队。正因如此，1796 年，兵力尚不足 5 万的意大利军团在不能越过曼亚图到达奥地利心脏时，便一面置曼图亚的 2.5 万敌军于不顾，一面在蒂罗尔和弗留尔这个双重作战线上对付 4 万人的奥地利军队。

反之，如果军队有足够力量扩张胜利战果，或已无要塞需围攻，就应继续向第二个更重要的目标前进。假使这个目标距离很远，就须建立一个中间依托点来保障自己的行动。因此，可利用一两个确已占领并保障不被突然攻占的城市建立中间基地；如果没有可利用的城市建立这种基地就须建立小型战略预备队，以便掩护后方和警卫大补给站。

交战失败时，应向基地退却，并在那里增强自己的抵抗力量。其方法是吸收留守部队，并利用要塞阻止敌人前进，或迫敌分散兵力。

若米尼认为，这是当时一般战争的过程，也是研究各种作战问题所拟遵循的程序。由于战略范畴涉及整个战争区的各种问题，又可包括以下各点：查明战争区的特点及可能出现的各种情况的特点；根据上述情况查明决定点，并选定最有利的作战行动方向；选择和建立固定的作战基地及作战地区；选择预期进攻或防御的目标；决定作战正面、战略正面和防线；选择从基地至军队作战目标或至军队所占领的战略正面的作战线；选定一条最好的战略线；实施各种机动，以包围战略线上各个不同部分；建立临时作战基地和战略预备队，等等。

上述各点原则上均属战局初期作战总计划的拟制内容。此外，还有一些既属于战略又属于战术的混合性行动，也值得注意。

基于上述阐释，若米尼认为："战略是在地图上进行战争的艺术，是研究整个战争区的艺术。"战略"就是把军队的大部分投到战争区或作战地区的决定点上去的艺术"。战略不仅要研究"包括战前和战后在内的整个战争"，而且，"战略决定应在何处采取行动"。

可见，若米尼对战略含义的解释，与我们目前通常将战略看作筹划和指导战争全局方略的解释既有联系又有区别。从若米尼将战略作为研究整个战争上看，显然包含有战争全局的含义，但由于若米尼将战略主要看作进行战争的一种艺术，而其所谓战争艺术又主要包括战争政策、战略、大战术和战争勤务等，似乎是一个与后人所说的军事科学等量齐观的概念，因而与我们通常将战略理解为筹划和指导战争全局的计划及策略又不尽相同。

若米尼还指出，战略的本质问题就是为军队选择有利的作战方向。他写道："实际上，一个主要战区总是只有左、中、右三个区域。同样，每个区域、每个作战正面、每个战略阵地、每条防线和每条战术战斗线，也总是只有中央和两端三个部分。在这三个方向当中，总有一个方向是对我方达到既定重要目标最为有利的，有一个方向是次有利的，而另一个方向则是比较不利的。看来，在明确了这一目标与敌人阵地之间，以及这一目标与地理上各点之间的关系之后，有关战略机动和战术机动的每个问题，都可以归结为一个问题，就是决定向右、向左或是向正前方机动。"也就是说，应从这三个方向中选择出一个主要作战方向，使之能保证给敌人以最致命的打击，而使自己冒最小的危险。

把握战略决定点有助于选择作战目标

若米尼在论述了战略的定义及如何研究战略的问题后提出，存在着一条普遍适用于战争中所有军事行动的基本原理。这条原理应支配一切军事计谋，以使其成为巧妙的计谋。

在他看来，这条原理的内容主要包括：1. 运用战略计谋，逐次将军队主力投向战争区的要点，并尽可能投向敌人交通线，同时使自己的交通线免受突击。2. 实施机动，以使己方主力仅投入对敌军部分部队的作战。3. 交战时，应以同样方法，利用战术机动，把主力用于战场的决定点或用于攻占敌军战线上的要点。4. 应使主力不仅都用于决定点，而且能在决定点同时奋战取得胜利。

若米尼还辩解说，尽管有人批评说，这种提出把主力用于决定点上并使其适时投入战斗的原理过于简单。但提出一般原理并非仅限于作必要的解释，更主要的应是掌握其在各种情况下的运用。

在如何看待战略点的问题上，若米尼提出，战略点可分为三类：由于所处地理位置对战区有不同价值的地理战略点，因敌军主力的配置和我军欲对其采取行动而有不同价值的机动战略点，具有永久性重要价值的决定性战略点或战略决定点。

当时，曾有一位将军提出反对意见，认为，并非所有具备上述条件的点都可称为战略点，只有那些对于正在计划中的作战处于有利地位的点才可称为战略点。

若米尼不同意他的看法，认为战略点的形成总以其本身具有决定性的性质为基础，甚至有的战略点在战争开始时，由于离作战区域很远没有多大价值，但一旦战局发生变化就将显示出其应有的重要性。因此，更明确地说，并非所有的战略点都是决定点。

若米尼指出："凡是对整个战局，或对一次战役具有明显影响的点，都可称为'战略决定点'。凡是其地理位置或人工造成的优势，对作战正面或防线的攻防有利的各点，都可以包括在内，而位置重要的大型要塞和屯兵场则是其中最重要的一种点。"

由此可见，战争区的决定点是有很多种类的。其中最重要的则是地理上的点或线，由于战争区本身的配置，这种地理上的决定点总是具有重要价值的。

例如，法军在比利时的战争区作战时，当时的情况非常明显，谁能控制马斯河一线，谁就拥有攻占这个地区的优势，因为这样就能使敌方被包围封锁在马斯河与北海之间，并有被赶下海去的危险。同样，由于多瑙河河谷也有许多要点，所以才会使之成为南德意志的锁钥。

若米尼又认为，凡能控制几个河谷汇合点者，或能控制主要交通枢纽者，也就控制了某种地理上的决定点。

例如，法国的里昂就是一个重要的战略点，因为它位于从地中海通向欧洲北部的战略走廊带上，控制着罗纳河和索恩河两个河谷，并且又居于法国与意大利之间，是法国南部与东部之间的交通中心。不过，它要成为一个决战点，还需有要塞或营垒及桥头堡。

又如，德国的莱比锡无疑是一个战略点，因为它是北德意志唯一的交通中心。假使这个城市能加以坚固设防，并位于一条大河的两岸，那它就几乎可以成为北德意志的锁钥了。

若米尼还认为，所有是国家交通中心的首都，也都是地理上的战略决定点。这不仅是由于它们是国家的交通中心或是重要军事设施等的所在地，而且还由于它们是国家经济和政治的中心。

除了这些点之外，在山地国家中，还有一种隘路是军队唯一能通行的途径。这些地理上的点，也是该地作战的战略决定点。如仅有少量堡垒掩护的意大利巴尔德隘路在 1800 年的作战中就曾起到很大的作用。

第二种战略决定点，是由于军队机动而偶然产生的点，其价值是相对的，并受交战双方军队部署的制约。

例如，1805 年，当奥地利元帅麦克将其兵力集中于乌尔姆方向，等待俄军由摩拉维亚到达战场时，法军对其进攻的决定点就是多瑙佛特或下莱希河，因为如果法军能比麦克统率的奥军先抵达这里，就能切断麦克向奥地利的退路，并切断来援助麦克的俄军与他的联系。

而 1800 年，奥地利将军克赖也在乌尔姆的同一地点作战，但援助他的不是来自波希米亚，而是来自蒂罗尔的、在意大利所向无敌的奥地利骑兵将军梅拉斯的军队。所以在对克赖进攻时，决定点就不在多瑙佛特而在沙夫豪。因为只有在这里才能逼近克赖作战正面的后方，切断其退路，逼其退向美因河，割断其与辅助军队和基地的联系。也正是在这个战局中，拿破仑的第一个目标就是越过圣贝尔纳，向梅拉斯率领的奥军右翼猛冲，以攻占其交通线。显然，圣贝尔纳、伊夫雷和普莱桑斯之所以成为地理上的决定点，其唯一的原因就是梅拉斯的军队向尼斯运动。

若米尼由此归纳出一条在他看来是普遍的原则，即这种机动性决定点应在敌方正面的翼侧，从那里我军便于切断敌人与其基地及援军的联系，并使我军免遭同样的危险。而对着海岸的翼侧常常是有利的，因为其便于把敌军赶下海去。但如果作战对象不是一个处于劣势的岛国陆军，那么自己也有被赶下海的危险。在此种情况下，应力求切断敌人与其舰队的联系。

假使敌人兵力过于分散，正面延伸过宽，那么这种机动决定点就是敌军的中央。因为如从敌军中央突破，便可使敌军兵力更加分散，以致变得更弱，更便于使之被各个击破，遭到全歼。

总之，战场上的决定点决定于：地形；确定的地点与我军战略目标之间的关系；双方军队的部署。

在若米尼看来，决定点与目标点之间有着密切关系，凡是作战目标都应是战区的战略决定点。并且，把握战略决定点将有助于选择作战目标。若米尼认为，作战目标可分为两类，一类是机动目标，一类是地理目标。

地理目标可能是一个重要的要塞、一条大河、一个能为而后行动提供防线或良好依托点的作战正面。然而，由于有的地理目标的选择也属于实施机动的范畴，因而更确切地说，有的地理目标仅与地区点有关，而有些地理目标则仅与占领这些地区点的敌军兵力有关。前者是地理目标，后者则是机动目标。

在战略上，战局的目的决定着作战目标。如果这个目标是进攻，那么作战目标就应是敌国的首都或军事上的重要省份，敌人若丧失它就可能被迫求和。

在入侵性战争中，侵略者的行动目的往往是夺占对方的首都。其中，首都的地理位置、交战双方各自与邻国的政治关系、双方拥有的资源等，都与作战计划有着密切深刻的联系，足以影响决定究竟应否占领敌国首都。如果决定不以攻占敌国首都为目的，那么作战目标就可能定为某一作战正面或某一部分防线，占领这部分作战正面或防线便可保障军队能控制所占领的领土。

例如，在法奥战争中，如果法军侵入意大利，其第一个作战目标就应是提契诺河和波河一线，而后的作战目标则是曼图亚和阿迪杰河一线。

如果在防御中，作战目标将不是所欲夺取的点，而是所欲防守的点。由于首都是国家实力的中心，因而应是主要的防守目标。但还有一些更近的防守目标，如第一道防线和第一条作战基地。

所以如果法军被迫凭借莱茵河进行防御时，其第一个作战目标应是严防敌军渡过该河。假使敌军得以渡河登陆并包围了阿尔萨斯诸要塞，法军就应竭力援救这些地区。第二个目标将是掩护设在马斯河或摩泽尔河上的第一道作战基地。不论采取侧面或正面防御，都可能达到这一目标。

关于作战目标的选择，若米尼认为，这通常决定于战争的目的、战争的性质或政府的企图，以及双方所拥有的兵力和兵器。

由于在很多的情况下都须避免冒险，因此应慎重地把作战目标局限于获得某些局部利益，如只攻占少数几个城市或肃清边境不大省份内的敌人。否则，就应不惜冒险取胜，像拿破仑那样把作战目标确定为消灭敌军。如果一支军队的作战目标只是为了围攻安特卫普这类港口城市，那就无须采取像在乌尔姆和耶拿会战中所采用的那种机动方法。同样如基于另一些原因，也不应采取像法军越过涅曼河远离本国国境 2000 公里那样的机动方法。因为采取这种冒险手段往往害多利少、得不偿失。

还有一种必须提到的特种作战目标。这种目标虽然也是一种军事目标，但其决定因素多半属于政治上的考虑，而不属于战略上的考虑。特别是在几个国家联合作战时，这种目标往往作用很大，不论对军事行动或政府部门都有影响，因而可将这种作战目标称为政治性的作战目标。

若米尼认为，不仅事实上"在政治和战争之间有着深刻的内在联系"，而且为了准备战争，几乎在所有的战局中一些军事行动又都往往是为了达到某种政治目的。这虽然是很重要的，但若从战略观点看，这又往往不是进行一场有用的战争，反而会导致在战略上犯严重错误。

为说明这一点，若米尼举了两个例子。第一个例子是 1793 年普鲁士元帅约克公爵对法国港口城市敦刻尔克的远征。这是英国人由于受旧的海权和贸易影响而发动的。在这次远征中，由于同盟军是沿离心方向行动的，结果导致失败。若从军事观点看，这次远征中的作战目标是不利的。

第二个例子则是约克公爵 1799 年对荷兰的远征。发动这次远征的指导思想，是伦敦内阁所抱的同样的观点，这种观点与奥地利想夺占比利时的企图相吻合。这次远征也注定要失败，因为它促使奥地利元帅卡尔大公从瑞士的苏黎世向德国的曼海姆运动。这是一次与当时联盟军队所决定的共同利益非常矛盾的战争。

若米尼概括道，政治性作战目标的选择，应服从战略的要求，至少是在军队以武力未解决战争的最主要问题之前应该如此。也就是说，必须力求使在战局中选定的政治性作战与战略原理相一致，否则，应待战局取得决定性胜利后，再使这种政治性作战目标付诸实施。

由此看来，1793 年攻占敦刻尔克和 1799 年解救荷兰时的政治性作战目标应该是法国的康布雷或法国中心。这就是说，应把当时的联盟的全部力量集中起来，统一用于边境的决定点上，以便在那里实施强大突击。

作战线是战略运动的基石

若米尼认为，作战线同作战地区是有区别的。所谓作战地区是指整个战争区的大部分地区。而所谓作战线则主要是指军队在这个战争区内的大部分地区中沿数条或一条道路（路线）执行作战任务的那一部分地区。可以称为作战线的，必须是这样一个空间，即可使一支军队的中央和两翼都能在该空间有一个从每翼移动 1~2 日行程的范围。而要达到这一点，就必须在这个空间里至少要有 3~4 条通向作战正面的道路。也就是说，若米尼所说的作战线是指通常应有 3~4 条道路的宽大地带。

与此同时，若米尼还对作战线的种类作了划分，如单一作战线（一支军队在一个方向上作战）和双重作战线（两支相互独立的军队在同一边境上作战）、内作战线（一个或两个军团对抗敌几个军团）和外作战线（一支军队同时对敌军一个或数个集团的两翼作战）、向心作战线（从彼此相距很远的不同点集中到同一个点）和离心作战线（从一个点分成几个部分向不同目标前进）等。

为了对此加以说明，若米尼举了一个战例。1813 年，当奥地利参加了反拿破仑的联盟后，有三支联军分别以萨克森、巴伐利亚和意大利为入侵目标。于是，萨克森这个位于德累斯顿、马格德堡和布雷斯劳之间的国家，便成了主力部队的作战地区。在这一作战地区共有三条作战线通向作战目标莱比锡。第一条作战线，即波希米亚军团的作战线，是从厄尔士山脉经德累斯顿和克姆尼茨到莱比锡。第二条作战线，即西里西亚军团的作战线，是从布雷斯劳经德累斯顿或维滕堡到莱比锡。第三条作战线，即瑞典亲王军团的作战线，是从柏林经德绍到莱比锡。在这三个军团中，每个军团都沿 2~3 条相互平行、彼此相距不远的道路行进。但绝不能说每个军团有三条作战线。

由此可见，作战线并非指战争区内每条道路，而是指作战计划中所包括的其全部军队在战争区内的所经之地。这就是主要作战线，即军队主力经过的路线。在这些路线上应建立兵站，设立梯次弹药库和给养库。必要时，这些路线还可用作退却路线。

若米尼通过对法国大革命战争期间自 1792 年至 1800 年几个战局中，法军与欧洲联盟军双方所采用的作战线的分析后得出结论，即"在作战中选择机动线是非常重要的"。也就是说，"如能正确地选择作战线，就可以于失利后恢复态势，剥夺敌人入侵的成果，扩大自己的成果，并攻占敌方领土"。

他还指出："把这些最著名战局的计谋与战果加以比较后，我们还可以看出，凡是导致胜利的一切作战线，都与我们多次提及的基本原理密切相关，因为单一作战线和内作战线所追求的目的，是通过战略运动把比敌人强大的兵力——大量的师，在要点投入战斗。"

"同样，我们还可以看出，一切导致失败的作战线，都是违反这些原理的，因为作战线过多，势必要以劣势和孤立的部队对抗优势之敌，结果必被敌人击破。"

在此基础上，若米尼归纳出了有关作战线问题的几条规律：

1. 作战线的选择，应成为把最大可能的兵力用到战区的决定点上这一目的的主要方法，也是一个良好作战计划的重要基础。

需要强调的是，不可能预先制订出整个战局计划，对作战计划只能有一个初步设想，这种设想只能指出作战目标、一般行动计划和第一个战役计划。而其他计划须根据第一个战役的战果和第一个战役所创造的新的可能性来决定。

拿破仑以其1805年为向多瑙佛特进军和1806年向格拉进军的部队所规定的方向就证明了这条规律。应当对他这种巧妙的机动加以深刻的思考。

2. 作战线方向的选择，不仅决定于战区的地理形势，而且还决定于敌军在这一战略棋盘上的兵力配置。然而，作战线的方向只能指向敌军中央或其两翼之一。除非在兵力上占很大的优势，才可同时对敌军的正面和两翼采取行动。否则，在任何情况下，假使对敌军正面和两翼同时采取行动，那将犯极大的错误。

一般说来，可以确定一条原则：假使敌军犯错，兵力分散，正面过宽，那么机动线的最佳方向就应指向敌军配置中心。但在其他情况下，作战线的方向应指向敌军的一个翼侧，进而指向敌军防线及作战正面的背后。

选择这样的方向之所以有利，不仅在于对敌侧翼冲击时只需与部分敌军交战，而且更在于敌军防御正面会受到从背后攻破的威胁。

例如，1800 年，莱茵军团进抵德国的黑森林防线左翼边缘后，迫使该防线敌军几乎不战而退，并在多瑙河右岸与敌军进行了两次交战。虽然这两次交战远无决定意义，但由于作战线的方向选择得当，使这两次交战得以进入施瓦本和巴伐利亚。继而指挥预备军团通过圣贝尔纳山口和米兰指向敌极右翼，以及而后指向梅拉斯后方的行军，其所获得的战果更加辉煌。

3. 必须适时改变作战线。绝不应认为，在敌人作战正面的一翼取胜，即可毫无危险地向敌人后方猛冲。因为进攻部队在采取此种行动时，其交通也可能被敌人切断。为避免这种危险，必须正确选择作战线的方向，以使军队能在自己后方保持一条安全退却线，或必要时能从作战正面的另一面控制一条可向自己的基地速退的退却线，其方法则是改变作战线。

这种行动方向的选择十分重要，它已成为一个总司令所应具备的最重要的才能之一。

例如，如果拿破仑 1800 年在翻过瑞士和意大利之间的圣贝尔纳山口后，经过都灵，直接向阿斯蒂或亚历山大里亚进军，并在马伦戈交战之前，不能预先保障在自己背后有伦巴第和波河左岸可以利用，那么其退却线就可能比其对手奥地利骑兵将军梅拉斯更加严重地被全面切断。当时，拿破仑由于从圣贝尔纳山口方面控制了卡萨莱和帕维亚，尽管这是些次要据点，同时又从亚平宁山脉方面控制了萨沃纳和滕达山口，所以便有充分的可能退向法国的瓦尔和瑞士的瓦莱。

同样的情况，在1806年的战局中，如果拿破仑从德国的格拉直指莱比锡，在莱比锡等候从魏玛回师的普军，那他就可能像布伦瑞克公爵被切断向易北河基地的退路一样，被切断向莱茵河基地的退路。但他在魏玛方向从格拉挥师向西，在通向萨尔费尔德、施莱茨和霍夫的三条路前展开了自己的作战正面。这三条路是拿破仑当时的交通线，他对此组织了非常严密的掩护。所以，在紧要关头，假如普军向格拉和拜罗伊特之间挺进，试图切断拿破仑的退路，那么除了从萨克森经卡塞尔通往科布伦茨等十条路而外，普军还可能为开放一条由莱比锡通往法兰克福的天然通路。

4. 应力避两支完全独立的部队在同一条边境线上作战。为便于巧妙实施机动，只有大规模联合作战时，或两支独立的大部队不可能在一个作战地区作战，并不会形成危险大于益处的拥挤时，才可使两支独立部队在一条边境线上作战。但即使在这种情况下，最好还是应使这两支部队同归一个指挥官指挥，其司令部最好应设在主要部队。

5. 单作战线优于双作战线。使用同样的兵力在同一条边境线作战时，单一作战线总比双作战线更为有利。

6. 不排除有时被迫采用双作战线。实际上，有时可能非采取双作战线不可，其原因有二：一是战争区特点的需要；二是敌人已采用双作战线，而我军被迫须以一定兵力分别迎击敌人集聚的每支部队。

7. 内线作战总比两条外线作战有利。在被迫采取双作战线时，内线或中央线总比两条外线有利。因为采取内线作战的军队可把其的每个部分都用于实施总计划，同时还可先敌集结自己的主力，以顺利解决战局任务。

若米尼在这里所说的内线作战（内作战线）主要指我们通常所说的军队处于防御地位或被包围态势下的作战；而他所说的外线作战（外作战线）又主要指我们通常说的军队处于进攻地位或对敌实施包围态势下的作战。

一支军队，如果其作战线能提供这些益处，其甚至可能在整个配合得当的战略计划之下，采用连续各个击破的方式，击破敌军各部。为保证这一运动的成功，应留一个监视军，专门对付我军仅拟牵制的敌军部队，并力避同敌人发生激战，尽量迟滞敌军前进，然后利用崎岖地形退向己方主力部队。

8. 有时也可采用两条作战线。假使我军兵力处于明显优势，即使分兵两路也无各个受挫的危险，就可采用两条作战线。在这种情况下，切忌把全部兵力都挤在一点，因为这会使兵力优势化为乌有，并使部队丧失部分行动的优势。不过，在决定采用两条作战线时，应考虑对将根据地形条件和敌我双方部署情况起主要作用的一线部队予以相应的加强。

9. 内线作战应遵循两条规律：第一条规律，当两支军队相互支援采取内线作战时，如果在一定距离上面对的敌军都占数量上的优势，就必须防止敌人把这两支军队挤在一个狭窄的空间歼灭掉。如拿破仑在莱比锡中就曾遭此不幸。第二条规律，采用内线作战时，绝不可使其延伸过远，否则就有被敌人对我留下的非主力部队取得决定性胜利的危险。不过，当我军所追求的主力目的对于整个战争的命运具有决定意义时，也可不惜冒此危险延伸过长，而可将次点上将发生的情况置之度外。

10. 向心作战线更适合战略的原则。由于同样的理由，两条向心作战线，总比两条离心作战线更为有利。而且向心作战线具有可掩护交通线和供应线的优点。不过，为避免危险起见，沿作战线行动的两支军队在尚未会合之前，应力避单独与敌军集中的部队遭遇。

11. 有时仍可采用离心作战线。其时机是：在一次战斗胜利后，或由于我之一次战略行动使敌军中心被突破，兵力被分割。此时，必须使己方军队采取离心行动，以完成对被击败之敌的分割。不过，尽管沿离心方向行动，但我军各部仍应采取内线作战，即各部应尽量相互靠近，以便能先敌会合。

12. 有时可采取临时作战线。一支军队在会战中途被迫改变作战线时可采用临时作战线。这是一个最微妙、最重要的机动，它可能获得巨大的成功，也可能由于考虑不周和缺乏艺术而导致严重失败。因为只有当一支军队脱离困境时，才可采用此种临时作战线。

拿破仑就有过多次此类战例。在他每次冒险入侵别国时，总要准备一个随机应变的新计划以防突然事变。在奥斯特利茨会战期间，他决定在作战失利时将其作战线经波希米亚指向帕绍或雷根斯堡，以代替原指向维也纳的作战线，因为前者能提供一个新的资源丰富的国家，而后者只能提供一个遭到破坏的地形，并且卡尔大公可能毫不费力地先抵该地。

1814 年，拿破仑曾实施了一次更大胆的且至少地形条件有利的机动。这次机动的特点是，以阿尔萨斯、洛林森林地带为基地，向联军开放一条通往巴黎之路。如果法国元帅莫蒂埃和马尔蒙能同他会合，他就能有超过 5 万人的部队，并使这一计划有可能导致最具有决定意义的后果，进而巩固其辉煌的军事业绩。

13. 国家的边境地势和战场地形对作战线方向有巨大影响。对敌方构成突出角的中心位置最为有利，因为这种位置有利于我军采用内线作战，便于从背后攻击敌军。当没有这种位置时，也可变更机动线的相对方向来代替这种中心位置。

14. 作战基地也影响作战线方向的选择。作战线方向应根据双方作战基地的各自位置选定。如果我军作战基地对敌军作战基地垂直延伸，即同敌军作战线平行是最为有利的。因为这样易于我军在指向敌人基地的点上夺取这些作战线，从而切断敌军与其基地的联系。

不过，假使我军的行动不指向这个决定点，选不好作战线的方向，那么垂直基地的一切优势都将可能化为乌有。显然，选定作战线方向的艺术在于，把作战线同作战基地及同军队行动的关系结合起来，以便既能夺取敌人的交通线，又能使自己的交通线不为敌人切断。这是一个最重要同时又最难解决的战略问题。

15. 在敌军面前渡河时也对作战线方向选择有重要影响。当战局中的主要行动是在未受损失而人数众多的敌军面前渡过一条大河时，对于作战线的选择不仅决定于统帅的意志，也决定于对敌人防线某一部分的进攻能得到多大利益。因为在此种情况下，主要应考虑在什么地方能最安全地渡河，以及在什么地方能找到必需的渡河器材。

所选定的渡河地点，对部队渡河的行动方向也有影响。因为至少在获得胜利前，须保护渡河的桥梁，以防敌人破坏。但不论在什么情况下，所选择的主要渡河点总应面对敌军的中央，或面对敌军的一翼。

16. 不应忽视在本国境内和在敌国境内的作战线的差别。敌国的自然环境对作战线的利弊有影响。假使一支军队越过了阿尔卑斯山或莱茵河，准备在意大利或德国境内作战，那么这支军队所面对的大都是次等国家。即使这些次等小国可以结成联盟，但它们国与国之间的利益，以及人民与人民之间的利益也还会有冲突，这种冲突会使它们的力量远不如一个大国那样充实可靠。反之，假使一支德国军队越过阿尔卑斯山或莱茵河入侵法国，那么它所采取的作战线将会比法军入侵意大利时的作战线更危险和暴露，因为德军所面对的将是行动和意志统一的整个法国的力量。

当一支取守势军队的作战线设在本国境内时，可利用当地居民、政权、要塞等一切有利的因素。但在异国作战时，通常无法利用这些因素，因为在敌国不易找到反对敌军的势力，甚至敌军还可利用其社会上与我方敌对的分子来对我军造成不利。

由于国家的自然环境对作战线的利弊有影响，所以毫无疑问，当作战线经过一个富饶肥沃、工业发达的地区，总要比经过一个沙漠贫瘠地区更为有利，特别是当进攻者与之作战的并不是该地区的所有人民时更是如此。在这种丰富多产和工业发达的居民地区，入侵军可得到所需要的一切，而在另一种地区，入侵军却只能见到茅舍草棚。在那里必然会给战争增加许多困难，并使采取迅速勇敢的作战行动变得更少和更为危险。如对施瓦本的优美和伦巴第的富饶均极熟悉的法军，在1806年险些葬身于普乌图斯克的污泥之中，而在1812年却真的覆没于立陶宛的森林沼泽地带了。

17. 战争是以激情演出的话剧。还有一条关于作战线的规律用几何公式表述时似乎非常可靠，但实际却是空想的。按照这条规律，必须在设置每条作战线的所有国家里，把与这条作战线相等距离上的敌人全部肃清。否则，这些敌人就可能威胁我们的退路。这种思想用几何公式表述，即可保障作战行动安全的唯一条件是把敌人逐出一个半圆之外，而该半圆的中心即最中心的目标，该半圆的半径等于作战线的长度。

尽管这条规律在纸面上似乎很正确，但一再为军事事件所推翻。事实上，一个国家的自然环境、山川形势、两军的士气、人民的精神、领导者的能力和精力，凡此种种，不论用角、直径，或用圆周，都是无法估计的。虽然在退却线翼侧绝不允许能严重威胁退却部队的大量敌军存在，但如果过分重视这条被说得神乎其神的规律，那就意味着让自己的军队在敌国境内连一步也不能前进。此外，人们摈弃这一规律的更重要的原因是，在当时的战争中，没有一次战役不证明这些虚构的数学规律是无根据和无用的。

不论在像拿破仑和弗里德里希那样的军事天才面前，或是在像苏沃洛夫、马塞尔等人那样的伟大性格面前，几何圆规都会黯然失色。因为这对一切战略和大战术问题的帮助都很小，在战略和大战术的所有问题中起主要作用的是由静力学定律促进的精神激动。甚至连希腊哲学家厄克里德的那些具有指挥军队才能的令人敬重的门生，为了赢得光荣和胜利，也不得不丢掉他们的一些三角学。至少拿破仑就是这样做的，他所指挥的一些最辉煌的战役，与其说是属于准确的科学范畴，倒不如说是属于诗的范畴。其原因很简单，"战争是以激情演出的话剧，而绝对不是一种数学行动"。

若米尼还由此阐述道，有些人要使战争过于有条不紊，过于审慎，而我却要使战争生动、勇敢、激烈，有时甚至鲁莽。当然，不应否认根据这些拘泥的规则提出的一切谨慎措施。不过，如果要按照几何规律作战，就将意味着给最伟大统帅的天才套上枷锁，意味着被过分的学究气左右。

应根据作战情况选择战略线

若米尼认为，如果说作战线是表示军队在大部分地区中沿数条或一条路线执行作战任务的那一部分地区的话，那么，战略线则主要是指"用于表示连接战争区各个决定点相互之间及连接各个决定点与军队作战正面之间的几条重要路线"。根据同样的理由，一支军队为了到达一个决定点或为了实施一次机动而脱离主要作战线时所用的路线，也可称为"战略线"。

在若米尼看来，战略线可分为两种，一种是由地理位置决定的，另一种则是临时机动决定的。而第一种战略线又可分为两类，第一类是具有永久重要性的地理线，第二类则是连接两个战略点而有战略价值的线。

但他提出，不拟着重研究因其所处位置和与国家地理形势关系而属于一般性的重要战略线和永久性的重要战略线，因为它们大都属于军事地理学的范畴。而这里所要着重研究的应是不同于作战线的机动战略线。

若米尼还以德国作为一个总战区，具体说明了作战地区和作战线尤其是战略线的选择问题。

他说，假使一支军队以德国为总战区，那它所选择的作战地区，可能是在阿尔卑斯山和多瑙河之间，或是在多瑙河和美因河之间，或是在弗兰肯和北海之间。在所选择的作战地区中，这支军队也许会选择一条单独的作战线，或最多选择两条向心作战线，而这些作战线采取内线方向，也可能采取外线方向。但随着战役的发展，这支军队可能将连续选用20条不同的战略线。开始时，它的每一翼可能选用一条通往总作战线的战略线，然后如果是在多瑙河和阿尔卑斯山之间的地区作战，那它就可能依当时的情况选用下述不同的作战线：由乌尔姆至多瑙佛特和雷根斯堡，或由乌尔姆至蒂罗尔，或由乌尔姆至纽伦堡和美因兹。不论选用哪条战略线，都将根据当时情况的发展米决定。

若米尼认为，只要不怕因用词不当而受指责，就可断言，在前面给作战线下的定义，对战略线也适用。并且，由这些定义所产生的规律也同样可应用于战略线。同时认为，为实施决定性突击，战略线应是向心的，而在胜利后实施追击时，又应是离心的。战略线很少是单独一条的，因为一支军队很少只沿一条道路运动；不过当战略线采用二线、三线或四线时，假如敌我势均力敌，就应采取内线的方向；假如我军势力远比敌人强大，就应采取外线的方向。

虽然有时在敌我势均力敌的情况下也可采取外线的方向，即可派一个军采取外线方向运动。不过，采取这种方式的条件是不必冒太大的危险便可取得重大战果。但这不适用于主力部队，而只适用于一些非主力部队。当我军进入方向是指向敌军作战正面的两端时，战略线就不可能采取内线的形式。

然而，还需指出一条规律，即在选择暂时性战略线时，一定要注意避免我方作战线完全暴露，避免敌人攻击。不过有时为使我军脱离重大危险，或取得巨大成功，偶尔也可不遵守这一规律。但这种冒险行动在时间上绝不可太久，同时还要准备好安全撤退计划，其方法是可突然改变我军的作战线。

为帮助读者理解上述选择和运用战略线的方法，若米尼把这些方法同拿破仑和内伊在这方面提供的经验教训作了对比。

　　他用滑铁卢会战作为说明这些方法的第一个战例。在这次会战中，普鲁士军队以莱茵河作为基地，其作战线是由科隆和科布伦茨通往卢森堡和那慕尔。英荷联军统帅威灵顿统率的英军以安特卫普为基地，其作战线是通往布鲁塞尔的最短路线。由于拿破仑向比利时的弗勒吕斯突然进攻，遂使联军西里西亚军团司令布吕歇尔采取与英军基地平行的路线进行交战的决心，而未采取与自己的基地平行的路线交战，他似乎对自己的基地并未感到不安。布吕歇尔当时选择这一方向是有其理由的，因为，这样他一方面在必要时可以重新回到德国的威塞尔，至少可以回到距德不远的荷兰的奈梅根；另一方面在迫不得已时，还可在比利时的安特卫普求得庇护。然而，假使普鲁士军队没有像英国这样一个强大的海军同盟而犯此类错误，那就可能全军覆没。

　　布吕歇尔在意大利的科尼被击败后，开始退向比利时的让布卢，后又退向瓦夫勒。而在瓦夫勒，只有从当时的三条战略线中选择其中的一条。这三条战略线是：一条南通荷兰的马斯特里赫特，另一条是向北面通往芬洛，第三条可通往在比利时蒙圣让的英军防线。布吕歇尔大胆地选择了最后这条战略线，并由于采取战略内线作战而取得胜利。而对拿破仑来说，这也许是其有生以来第一次忽视这样的战略线。事实上，从让布卢经瓦夫勒至蒙圣让这条线，既不是普军的作战线，也不是普军的战斗线，而恰恰是机动战略线，也就是说是中心线或内线。布吕歇尔选择这样的机动战略线可以说是相当大胆的，因为这将使其天然的作战线完全暴露在敌人面前。不过，其目的是从同英军的会合中求救，而这一会合又的确太重要了。

　　若米尼还用内伊在德国登讷维茨的作战作为说明上述方法的第二个战例，这可算是一个不成功的战例。内伊在离开维滕堡向柏林方向前进中，曾向右面行动，以期到达联军的极左翼。但这种行动却使其一开始的退路就受到在人数和素质上均占优势的敌军的威胁。虽然内伊企图同经赫尔茨贝格或卢考的拿破仑会合，但未能让部队了解其为保障变换战略线所需的战术和勤务措施。因此，其在登讷维茨所遭受的重创，显然是这一疏忽行为所造成的可悲后果。

　　若米尼还认为，拿破仑1796年通过意大利布伦塔山口运动的战例，更能说明战略线的各种问题。拿破仑的主要作战线是从亚平宁山至维罗纳。他迫使奥地利元帅乌尔姆泽向意大利罗韦雷托败退，并在决心为实施追击而进入奥地利蒂罗尔后，沿意大利阿迪杰河谷进抵特兰托和拉维斯河。此时，拿破仑得知乌尔姆泽经布伦塔向弗留尔挺进，企图从背后对其实施突击。于是，拿破仑须从三个决心中选择一个决心。这三个决心：一是冒着失败的危险留在狭窄的阿迪杰河谷；二是经维罗纳后退去等待乌尔姆泽；三是一个了不起却是冒险的行动，即尾随乌尔姆泽进入布伦塔河谷。这个地区两边是环绕陡峭的山峰，其两条出路都可能在奥军之中。

　　拿破仑在面临这三条可选择的路线时并未犹豫不决，他把法国将军沃布瓦留在拉维斯河地区防卫特兰托，而自己则率领其余法军向巴萨诺前进。这一大胆行动所取得的辉煌胜利是尽人皆知的。当然，由特兰托至巴萨诺的这条路线，并不是拿破仑的作战线而是其机动战略线。拿破仑采取这条路线的机动，比布吕歇尔向瓦夫勒的机动更为大胆。不过，这一行动仅有为时很短的三四天时间。

此后，拿破仑将在巴萨诺不是取胜就是被战败。假使他取胜，就将为自己打开一条直通维罗纳和其作战线的道路。假使他被战败，他却可以最快的行军到特兰托，由特兰托与其部将沃布瓦会合，然后向维罗纳或佩斯杰拉退却。这个地区地形险要，它既会使拿破仑的机动困难，又会使其机动有利，也就是说，即使奥地利元帅乌尔姆泽在巴萨诺取胜，也将无法阻止拿破仑退往特兰托，因为在该方向没有一条路可为乌尔姆泽用于先机制敌。当时奥地利将军达维多维奇正在拉维斯河地区，只有他从特兰托赶走沃布瓦，才能使拿破仑陷于困境。但这位奥国将领刚在罗韦雷托被击败，已成惊弓之鸟，不仅对法军这几天的活动一无所知，甚至未曾考虑过在拿破仑于巴萨诺失败后卷土重来之前再转入进攻。假使达维多维奇追逼沃布瓦至罗韦雷托，那他就可能在阿迪杰河的这个峡谷受到法军两支大部队的夹击，从而遭到像法国将军旺达姆在库尔姆附近被联军包围全军覆没那样的命运。

若米尼最后概括说，他之所以就这一事件不厌其详地说了这么多，其目的是说明，如果能对时间和距离计算得准确，再加上有高度的积极性，那么有些似乎完全冒险的行动，却往往可以取得很大的成功。由此可以得出一个结论："就是有时可以给一支军队规定一个会暴露作战线的短时间的运动方向，但是此时必须预先采取一切措施，预防敌军利用这一情况对我袭击。为达到这一目的，首先必须行动迅速，其次必须极力以佯动欺骗敌人，使敌人不了解真实情况。然而，这是一种最大胆的机动，只有在十分急需的情况下才可以采用。"

一切战略行动都须将主力用于战场的决定点上

若米尼通过对战史的研究得出一个结论：一些伟大统帅在战争中大获全胜的秘密就在于，善于"集中他的主力去攻击敌人的一翼"。他确信，如果在战略上都采用这种作战原则，"那就将发现全部战争科学的锁钥"。他还由此指出，"分散兵力是兵家的大忌"，"只要兵力集中，就能取胜"。为此，必须善于将主力用于战场的决定点上。每次交战总有一个决定点，必须力求把力量集中用于这个点上。

若米尼指出，一切战略行动都必须通过巧妙地行军，把主力连续地投到敌人作战正面的决定点上，以主力各个击破敌人。并认为，拿破仑在 1796 年、1809 年和 1814 年的战例都可算作这种行动的范例。

若米尼认为，旧式战争体系大都采取阵地战的形式。这种形式的作战基本上都是有条不紊地进行，即往往一方部队围攻要塞，一方部队坚守要塞。军队驻在营帐里，补给品直接取自自己的仓库，交战时可以彼此看到。这种战争方式直到法国大革命时代，才被拿破仑新的战争体系所突破。拿破仑新的战争体系，就是军队迅速的行军机动，实施运动战。每天行军几十公里，再作战，而后宿营休息。由于采取了这种运动战的体系，军队既没有营帐，也没有了现成的补给，他们到处宿营，并且就地征集给养。这不仅使军队的机动性大大提高，而且也使战争艺术得到了丰富。

举例来说，拿破仑为攻击奥地利骑兵将军梅拉斯的交通线而经圣贝纳山口的行军，1805 年为切断奥地利元帅马克退路而经多瑙佛特的行军，以及 1806 年为包抄普军而经格拉的行军等，都是具有战略意义的行动。

事实上，这些巧妙的行军都是以各种方法把军队主力投到决定点上。由于拿破仑使其军队免除了一切不必要的物资负担，具有高度机动性，因而曾用一连串的行军和战略行动征服了意大利半岛。

1797年，拿破仑对维也纳的快速进军似乎是鲁莽的，但事实表明，为了在奥军莱茵河方面的增援部队到达之前能够战胜卡尔大公，则必须这样行动。

从拿破仑采取的运动战体系中可以认识到一个真理，即军队的实力愈强大，则愈需要行动迅速和效果分明的作战体系。这就是，使军队保有最大可能的机动性和活力，使之能够连续地使用在不同的决定点上把敌军各个击溃；迅速而连续的行军可增加自己军队的力量，抵消敌军的力量；一位主将若能迅速而连续地运动其主力，而又能保持正确的方向，就可能有很大的把握获胜。

若米尼还通过列举拿破仑于1806年在格拉平原的集结和1815年战局初期两个战例说明，拿破仑善于把原来分散在各地的纵队很快集中到作战地幅的决定点上，其精确程度令人吃惊。他就是靠这种指挥保证其战局胜利的。

若米尼认为，决定点的选择是巧妙的计谋，而各种运动的计算则是拿破仑办公室所进行的勤务工作的结果。长期以来，人们总以为这些精确、明白的指令多出自精明强干的曾任拿破仑军队参谋长的贝蒂埃之手。然而事实上，拿破仑本人便是他自己的真正的参谋长。拿破仑常常手拿一只沿直线放大28~32公里比例的圆规，趴在地图上，用各色图钉标出自己各军阵地和敌人的假想阵地。并迅速地用圆规在地图上计量距离，判断出每个军必须行军的天数，以便能在规定的日期内抵达他所希望到达的地点。然后一边移动那些图钉，把它们插到新的地方，一边计算着需要给每个纵队规定的行军速度，安排他们的出发时间，果断地发布调动军队的指令。

如在1806年对普军的作战中，拿破仑命内伊从康斯坦茨湖边前出，拉纳从上施瓦本前出，苏尔特和达武从巴伐利亚和帕拉蒂纳特前出，贝尔纳多特和奥热罗从弗兰肯前出，拿破仑禁卫军从巴黎前出，他们从扎耳费尔德、格拉和普劳恩之间三条平行道路几乎同时到达战线。而当时，不论在拿破仑军队内或在德国，都还没有人能对如此复杂的军队调动琢磨出什么名堂来。

又如1815年战局的初期，当普鲁士元帅布吕歇尔还安然地在桑布尔河和莱茵河之间野营，英荷联军统帅威灵顿还在布鲁塞尔举办和参加节日舞会，两人都在等待进攻法国的信号时，人们以为尚在巴黎忙于应付政治上盛大礼仪的拿破仑，实际上早已率领其刚在首都重建起来的禁卫军，以迅雷不及掩耳之势直扑布吕歇尔等人的营地，而且其各路纵队以罕见的准确性从四面八方汇集到波蒙平原，并于6月14日全部抵达桑布尔河岸。其中，拿破仑本人则是6月12日离开巴黎的。

显然，在这两次战役中，计谋是以巧妙的战略计算为基础的。与此同时，若米尼还举了两个相反的例子，说明由于法国元帅贝蒂埃在战争勤务工作上的失误，几乎造成灾难性败局。

例子之一是，1809年，拿破仑因奥地利的军备咄咄逼人而从西班牙匆匆回国，准备与之开战。他给正在巴伐利亚的贝蒂埃下达命令：要把分散在布劳瑙到斯特拉斯堡和埃尔富特各地的军队集中起来。由于这些军彼此相隔遥远，易被奥军在集结途中消灭或驱散。拿破仑对此十分担忧，便命令贝蒂埃：如果在他抵达之前战争尚未开始的话，就把军队集中在雷根斯堡，否则就把军队集中到乌尔姆附近。

拿破仑下达这个可选择命令的原因在于，如果战争已爆发，选择雷根斯堡作为集结地点显然离奥地利边境太近，会致使法军各军团只能孤立地向20万敌军发起进攻，有可能被敌人各个击破。如果确定乌尔姆为集结地点，法军可较早集中，或至少敌人要多走五至六日的路程才能到达那里，这样可使法军在集中时免受敌人阻挠。

然而，在贝蒂埃抵达慕尼黑几天后，奥军便发动了攻势。而贝蒂埃在未明白拿破仑上述命令真正意图的情况下仍不走样地机械执行。他不仅固执地把军队集中到雷根斯堡，甚至还要已转往因戈尔施塔特方向的达武军重返该城。

幸好拿破仑在24小时内从电报上获悉奥军渡过因河的消息。当时，达武的部队已遭包围，法军也被18万奥军分割。而拿破仑奇迹般地把他的军团集结起来，只用了五天的时间，就在阿本斯贝格、齐格堡、兰茨胡特、埃克缪尔和雷根斯堡赢得了一系列辉煌的胜利，从而纠正了贝蒂埃所犯的错误。

此外，若米尼还论及了拿破仑善于选择机动作战目标的惯用战法。所谓机动目标，即特别要消灭或瓦解敌军的目标。若米尼认为，从某种意义上说，一个统帅所具有的最可贵的才能和要取得伟大胜利的最可靠的保证，就在于是否善于选择消灭或瓦解敌军的目标。而"拿破仑的最明显的长处就在于此。他推翻了陈旧的理论，不满足于仅仅攻下一两个要塞，或占领一个不大的边境省份。他深信，创造伟大战绩的最主要方法，就是分割和消灭敌人和军队。他认为，不论是一个国家，或者是一个省份，只要它们失去了有组织的部队，就必然会自行陷落"。

在若米尼看来，拿破仑所惯用的作战方法就是，正确而迅速地判断各个地区的利弊；把主力集中用于最有利的作战地区；认真了解敌军兵力的配置；假使敌军兵力分散，就以闪电速度猛烈突入敌军的中心；假使便于切断敌交通线，实施迂回分割，就向敌军翼侧突击；在敌败退后，实施坚决追击，迫使其向离心方向退却，直至将其全部歼灭或击溃。若米尼称拿破仑这种集中主力各个击破敌人的方法是一种消灭敌人军队的"最好的方法"。

预备队在现代战争中有很大作用

若米尼认为："预备队在现代战争中有很大作用。对于这一点，在过去几乎没有人能认识到。而现在，从筹备国民后备军的政府起，都想能有自己的预备队。"

他说："凡是英明的政府，除了这种国民后备军外，都必须聚积精良的预备队以补充作战军队。而指挥官则应善于使用自己所控制的预备队。一个国家，应有自己的预备队。一支军队，也要有自己的预备队。每个军、每个师甚至每个支队，也都应保障有一支预备队。"

他提出，一支军队通常可有两种不同的预备队：一种是在战斗线上准备战斗的预备队；另一种是用于补充军队的预备队。后一种预备队在继续完善其组织的同时，可在战争区占领要点，同时也可成为战略预备队。

当然，在很多战争中，有些参战者并未考虑过预备队，最后也仍取得过胜利。不过，预备队的建立不仅应根据兵力的大小决定，还应根据本国边境的天然地势，以及作战正面或作战目标至作战基地间的距离来决定。

但是，当一支军队一旦决定侵入别国时，自然就应想到被迫转入防御的可能性。如果能在基地与作战正面之间建立一支中间预备队，这支预备队就能同作战军队的预备队带来同样的益处，因为它可用于增援任何受敌威胁的地点，不会因此削弱正在作战的军队的力量。

诚然，建立这样的预备队，必然要从作战军队的编成中抽出几个团的兵力。但又须看到，任何稍大规模的军队都总会得到国内的支援，都必须训练新兵和动员来的民兵，都必须利用团补给站和归队人员。若能组织中心补给站体系准备弹药和装备，同时迎接来往过路的支队，并为补给站补加几个得力营，使其更加稳定，那就建成了有益处的预备队。

若米尼认为，拿破仑在每次战争中总不忘组建战略预备队。他甚至在1797年向诺里克阿尔卑斯山远征的开始时，就曾把在意大利阿迪杰河上的茹贝尔军留作预备队，后来又把由罗马回来的维克托军留在维罗纳近郊作为预备军。1805年，内伊和奥热罗的两个军先后在奥地利的蒂罗尔和德国的巴伐利亚州起过这种预备队的作用，后来莫蒂埃和马尔蒙的两个军在奥地利首都维也纳也起过这种预备队的作用。

拿破仑于1806年进行的战争中，曾在莱茵河上建立过这种预备队。法国元帅莫蒂埃曾用这种预备队征服黑森大公国。同时，拿破仑还在德国的美因兹建立了由法国元帅克勒曼指挥的辅助预备队，用于在莫蒂埃被调往波兰的波美拉尼亚时，逐步占领莱茵河和易北河之间的几个国家。当拿破仑决定在同年年末向维斯瓦河进军时，曾趾高气扬地命令集结易北河上的一个军团。该军团约有 6 万人的兵力，其目的是掩护德国汉堡对抗英军，并对奥地利施加压力。

普军于 1806 年在哈雷也曾建立过这样的预备队，但对这一预备队配置不当。假使这种预备队建立在易北河上的维滕堡或德绍，并起到应有的作用，那就有可能为普鲁士将军霍亨洛黑和普鲁士元帅布吕歇尔争取时间进抵柏林，或至少进抵什切青，从而拯救普军。

显然，当在一个具有双重作战正面的地区作战时，这种预备队特别有利，它可以执行双重任务：一方面，可以监视第二正面；另一方面，当敌军威胁我军翼侧，或我军主力因失利而向预备队方向撤退时，还可以根据需要协助主力作战。然而，必须避免分散兵力，防止危险。所以每当不组建预备队时总要冒险，或至少总要动用兵站。只有进行远距离入侵或在受到入侵威胁的本国腹地作战时，这种预备队才非常有用。

至于什么时机建立这种预备队，这要由将领们根据国家的状况、作战线的纵深、设防地点的特点和与敌国的距离来决定。同时，将领们还应决定预备队的配置位置，并注意尽量不要削弱作战部队的力量。如若抽调精锐的师来组建预备队，将会减弱作战部队的力量。而战略预备队若有位置良好的枢纽地带，就将具有双倍的优势。

战略眼力是将帅最可贵的素质

若米尼指出："一个将帅的才能包括两个完全不同的方面。一方面是善于审时度势和计划行动，另一方面是善于亲自使行动计划付诸实施，直至成功。"其中，第一种才能可能是一种天赋，但这种天赋可从学习中得到培养和发展。而第二种才能则主要决定于将帅的个性。虽然通过学习能发展和完善个性，但人却永远不能培养出属于个人天赋的"能力"。

对于一个政府首脑来说，特别重要的是要能正确地审时度势和计划行动。因为他虽然缺乏执行的才能，但至少可以审核所制订计划的优劣得失。他还可根据这些计划判断拟制计划的将领们的才能。当发现这些将领既能拟订很好的计划，又具有顽强沉着的性格时，就可大胆放手地委托其指挥军队。

反之，假使一个国家元首是一位实干家，只有在现地进行战斗的本领，而无运筹帷幄的天赋，那么他就可能同一切有勇无谋而受命指挥整个战局的一些将领犯同样的错误。

若米尼还不厌其详地重复说明，关于战争的重大思辨问题的理论虽然很简单，它所要求的只是理解力和认真思考。但很多有素养的军人却仍然难以完整地理解它。他们的精力往往为一些次要的细节问题所分散，以致不能集中用于去解决头等重要的关键问题。假使他们能够认真对待的话，本来有些东西俯拾即是，但他们却往往舍近求远。

为此，必须深刻意识到在军事科学方面，对善于把握具有决定意义基本问题的人来说，学习细节问题总比学习原则容易。而为了正确理解和应用这些原则，每个人都应该全力以赴。

若米尼由此根据在某些著名战局中对一些原则的应用经验，概括了关于战争重大思辨问题的两条基本原理。

首先，战略上要善于准备好我军的战争区（两个大国展开交战的所有地区），并正确地判断敌军的战争区。敌我双方都应善于判断决定点。

其次，战争艺术在于要在准备迎击敌人的防御战争区和在企图实施夺占的进攻战争区正确使用自己的兵力。对兵力的使用应遵守两条基本原则：第一，战略原理本身的基础就是通过发挥机动性和快速性的方法取得优势，以便能逐次把自己的主力只投向敌军战线的几个部分。第二，必须在最具有决定性的方向实施突击，这种突击方向要保障能使敌人受到最大的损失，而使自己免受特别严重的危险，如使自己免受交通线被敌人夺占的危险等。

若米尼认为，关于重大战争问题的全部科学可以归结为以上两条基本原理。因此看出，一切行动若是延伸过远，或不够连续，都是严重错误。同样，若占领易被分割的位置，或派出不必要的大支队，也是严重错误。反而言之，凡是其整个体系统一严密，采用中央战略线，而且战略阵地比敌军短的作战行动都将是明智的。

若米尼还在阐述如何养成良好战略眼力的方法时认为，在学习战略原则的过程中，如果只限于死记这些原则，不求甚解，不将其应用于图上作业，也不将其应用于假想战争的想定或对伟大统帅最辉煌战役的研究，以尽可能地经常锻炼自己的判断能力，那么这种学习是不会取得良好效果的。而通过锻炼养成锐利的正确战略眼力，对一个将领来说则是最可贵的素质。如若缺少这种素质，即使是世界上最好的战争理论，也永远不能得到实际的应用。

若米尼阐述说，一个求知欲很强的军人，如果能切实认识到向敌人各部逐次投入战斗的部队具有高度快速能力的优越性，特别是认识到经常把兵力用于战区决定点上的全部重要意义，那他必然会力求第一眼便确定这些决定点。

实际上，在一次大战的所有计谋中占统治地位的一条再简单不过的真理就是：一个将领不论处于何种位置，他必须决定的往往只是自己究竟应在右翼、左翼还是正前方行动。

若米尼为了证实其上述看法的正确性，曾以一位在战争开始时守在办公室的将军为例加以说明。此时，他首先关心的就是选择一条正确的作战线，以保证有最大的可能取胜，并在失利情况下使危险缩小到最低限度。因为整个战场通常只有左、中、右三个作战地区。

当这位将军选定其要投入主力的地区，而且这些主力到达这一地区后，他的部队便对敌军形成了作战正面，而敌军也将形成同样的作战正面。这时敌对双方的作战正面都将各有三个方向：右翼、左翼和中央。此时，唯一重要的问题就是选择一个最好的方向，以便能重创敌军，同时使自己的交通线免遭危险。

当两军在要发生决定性冲突或准备实施交战的战场上各自处于对方的前面时，双方都将各有其右翼、左翼和中央三个方向。每个方向都对实施主要突击具有或多或少的益处。

这样就把一场大战的所有行动都归结为如此简单的三个基本方向，我们可较容易地判断出从这三个方向中选择哪个最好的方向。一旦这个最有利的方向确定之后，就不应再去选择其他任何一个方向。否则，会铸成错误，因为这将无故去冒致命的危险，而放弃几乎确有把握的成功。

若米尼说，有时会有这种情况，有的军队在交战之前就夺占敌人的退却线，如同拿破仑在马伦戈、乌尔姆和耶拿所做的那样。通过战斗前的巧妙行军进抵有重大意义的决定点后，斗争的目标就是阻止敌人为自己开辟通路，于是，除对敌人实施与战斗线平行的机动以外，不需实施其他的机动，因为此时不存在对这一翼比对另一翼实施机动更好的问题了。对已被切断退路的敌军来说则完全是另一回事，即它只有一个方法可以得救，就是确定通过哪一翼能更快地回到其退却线上，并把全部兵力投入该翼，以便至少能挽救其大部分兵力。可见，所有这些考虑都是旨在确定究竟应向右翼还是向左翼实施突击的问题。

简而言之，一个军人，只有深入领会这些真理，才能具有锐利而准确的洞察力。同样，一个将军假使在这方面具有很好的素养，而且又能通过阅读军事历史和进行图上模拟作业，常来锻炼自己的应用能力，那他在实战中就很少会出现优柔寡断的情况。甚至当敌人对他采取出其不意的机动时，他也能按照依据如此简单资料制订的原始计划，始终如一地采取最佳措施，粉碎敌人的机动。

上面把战争艺术归纳为如此细小的几点概念，绝无任何贬低它的意思。而是应使指挥官更好地判断出，在办公室拟制作战计划所遵循的指导原则，同在战火纷飞中指挥10万人去实现这一作战目的所需要的本领之间的区别。应深知，必须具备哪些才能和特性才能使一支军队像一个人一样地行动，才能在最有利的时机将其投到最有决定意义的点上，并使其能得到武器、弹药、粮食等各种补给品的保障。如果说一个普通指挥官首先应具有这种本领，那么一个伟大统帅的最高素质应在于把兵力用于最佳战略决定点上的巧妙指挥。曾有多少英勇的军队，在英勇的"执行者"指挥之下，只是由于本来应该向右机动，却错误地向左机动，结果不仅导致交战失败，甚至导致国家的灭亡。这样的例子可以举出很多，只要指出利尼、滑铁卢、包岑、登讷维茨和莱顿会战就足够了。

八、善于交替运用攻防两种作战体系

为争取主动权而实施进攻

若米尼认为，一旦决定进行战争，首先要确定的问题就是进行进攻战争还是进行防御战争？由此他对进攻和防御的类型、利弊等问题作了有益的探讨。

他先探讨了进攻，认为进攻可分为三种类型：假使进攻的对象是一个大国，所进攻的是其全部领土或至少是大部领土，那么这将是一次入侵战争；假使只进攻一个省，或只进攻一条有限的防线，那就是一次普通的进攻；假使只进攻敌军的某个阵地，只限于进行一次作战，那就可叫作争取主动运动。

继而他又结合这三种类型从政治和军事两方面分析了进攻的利弊。从精神观点和政治观点看，进攻几乎总是有利的。因为它可把战祸带到敌国领土，使本国免遭战争破坏，减少敌方的资源和增加自己的资源，提高我军士气，并常使敌人产生恐惧情绪。不过，进攻有时也会激起敌方的抵抗怒火，尤其是当对方感觉到其行动已关系到本国命运时更是如此。

从军事观点看，进攻则有利也有弊。在战略方面，如果进攻达到入侵战争的程度，使己方作战线伸入敌方领土则总是危险的。在敌国境内的山、河、隘路和要塞等一切障碍，总是有利于防御而不利于进攻的；当地居民及其国家行政当局也不会任入侵军摆布甘当驯服工具。不过，假使进攻获得成功，就能直接打击敌人的心脏，剥夺其军事资源，从而促使战争早日结束。

若米尼还从战略和战术两方面探讨了进攻和防御的利弊问题。在战略方面，如果所采取的是为了争取主动而实施的进攻，则进攻总是有利的。实际上，战争艺术就在于把主力用到决定点上，从而夺得主动权。显然，谁夺取主动权，谁就能明确了解自己的行动和目标，谁就能率主力到达应实施突击的地方。反之，谁只等待敌人进攻，谁就会被动。因为敌人可能将其各个击破，而它则不知敌人将从哪里进攻，也找不到合适的防御方法。

在战术方面，进攻虽也比较有利，但又不及战略方面。因为作战的地域不会很大，所以即使夺得主动权，也不能完全隐蔽自己的行动，而敌方则可迅速发现我方行动，并立即使用强大的预备队预防危险。此外，进攻军队为到达敌人防线，总要通过当地许多不利的地形障碍，这就致使攻防的利弊几乎完全相当。

若米尼还论述了进攻交战的含义及优势。在他看来，所谓进攻交战，就是一支军队对另一支防守阵地的军队的进攻。凡是交战，总有一方是攻击者，另一方是被攻击者。因此，每次交战，对一方来说，称进攻交战，而对另一方来说，则称防御交战。一支被迫进行战略防御的军队，也常常会采取攻击，而一支将被攻击的军队，也要能重新掌握主动，恢复原有的优势。在历史上，这类战例真是不胜枚举。但不应否认的是，"一般来说，攻方总比守方占有优势，因为攻方的信心强，士气比较高，而且目标和行动都比较明确"。

积极防御能取得巨大成功

若米尼认为，无论在政治和军事战略方面进攻如何有利，也不可能在整个战争过程中一直保持进攻。于是，他又由此转入了对防御的探讨，并侧重论述了积极防御和消极防御的问题。

防御也是既有利又有弊。一般说来，守方总是处于不利的地位。它往往难以判断敌人究竟采取什么样的攻势行动，会从哪些方向进攻，自己应采用什么样的应敌之策等，因而难免兵力分散，常常被敌人所击败。

但是，防御战争，如经周密计划，不走极端，也有其有利的一面。若米尼指出："防御通常可分两种：一种是惰性防御，或称消极防御；另一种是积极防御，即同时也要实施突然进攻的防御。消极防御总是极为有害的，而积极防御则能取得巨大成功。"

由于防御战争的目的是在尽可能长的时间内掩护国家部分领土不受敌人威胁，所以在防御战争中，一切作战的目的显然应该是阻止敌人前进，给敌人行军造成困难，但又要使自己的军队免受严重损失。

凡是敢于进攻的一方，总是凭借其某种优势才发动进攻，总力图速战速决。与此相反，防御的一方则应在敌人由于被迫抽调兵力、行军及面临其他困难而疲惫不堪、受到严重削弱以前，尽量推迟结束战争的时间，以便待机实施反攻。

在若米尼看来，一支军队只有在遭到失败，或敌人在兵力上占过大优势时，才可采取消极防御。但在这种防御中，应在地形掩护下利用天然或人工障碍，尽量恢复均势，并加强一切能抵抗敌人的障碍。

这种消极防御体系只要不是绝对消极也会有利。但要求被迫采取防御的指挥官必须明确："绝不应采取单纯消极防御，也就是说，绝不应在固定的点上停留不动、静待敌人对其实施突击。反之，他应使自己的作战行动加倍活跃，并争取主动，利用一切机会攻击敌人的弱点。"

若米尼还认为，当时被其称为攻势防御的这种战争，不论在战略或战术上都是有利的。因为采取这种作战行动可以利用攻防两种优势，当己军位于预有准备的地区等待敌人来攻时，在地势和资源方面都较有利。而当己军转为反攻时，又便于选择有利时机和地点，也容易成功。

将领的最大才智在于善于交替运用进攻和防御这两种作战体系

若米尼通过对进攻和防御的分类及其各自的利弊作了分析后，得出一个结论："一个将领的最大才智就是善于交替运用这两种作战体系，特别是善于在防御交战最激烈的时刻重新夺取主动权。"

他说，在七年战争中，弗里德里希二世在最初的三次战局中采取了侵略的行动，而在后来的四次战局中则创造了真正攻势防御的典型。但也必须承认，其中敌人帮了他的大忙，给了他充分的自由，使他得以顺利夺取主动权，获得了许多反攻胜利的机会。

威灵顿在其一生的大部活动中，如在葡萄牙、西班牙和比利时等也起了这种作用。他所采取的作战方法，对于他当时所处的环境来说的确是一种最正确的方法。当在盟国领土作战不需要考虑本国首都或受威胁省份的命运时，即当只考虑战争的要求时，往往很容易成为古罗马统帅费边。

这里所说的古罗马统帅费边在第二次布匿战争期间，曾率罗马军团在意大利同迦太基统帅汉尼拔作战。费边针对迦太基孤军深入意大利远离自己后方的特点，采取迁延战术，即力避正面作战，尽量消耗疲惫敌人，结果取得很大成功。并于公元前209年终于攻克汉尼拔在意大利半岛南部的立足点他林敦，凯旋班师。

若米尼还从实施战略战术防御和进攻的可能性上分析道，从战略上看，谁握有主动权，谁就处于极大的优势，因为他可把主力用于最有利的地点对敌方实施突击。反之，谁在阵地等待敌方进攻，谁就处处陷于被动，往往遭到出其不意的攻击，因而在行动上总要受敌人行动的左右，要随敌人的行动而行动，以致常被敌人击败。

从战术上看，攻防的利弊几乎是均衡的。因为此时的作战地域没有那么大，主动进攻者无法隐蔽自己的行动，而守方军队却能及时发觉攻方军队的行动，并用精锐的预备队立即进行反击。此外，还由于进攻者必须克服一些地形障碍，方能到达守方阵地，也将大大增加攻方进攻的阻力。

若米尼由此阐述说，许多最重大的历史事件都证明了一条更重要的真理："任何一支军队，假使它只在阵地不动，专等敌人进攻，那么久而久之它终究会被敌人击溃；反之，假使它能充分利用防御的长处，把攻方的优势变为它的优势，那么它就有希望取得最大的胜利。"

一位将军假使像个木头人，专等敌人进攻，只在阵地上英勇抵抗，别无任何主见，他就终将被敌人击败。而另一个将军则在等待敌人进攻时，采取大胆机动，并靠进攻行动将主力用于最重要的点上，就能取得精神上的优势，而这在单纯的防御中是绝不可能的。

由此可见，一个将领在交战中，不论采取进攻或防御，都可能同样获得成功。但是，为了取得成功，他必须：1. 不限于消极防御，而善于及时转守为攻；2. 具有犀利的目光和冷静的头脑；3. 指挥他可依赖的军队；4. 若在交战开始时取攻势，而在交战过程中又重取攻势时，绝不可忽略应用有关战斗队形的基本原理；5. 对决定点实施突击。

在战争史上，拿破仑在 1796 年至 1797 年的里沃利之战和 1805 年的奥斯特里茨之战等战例，威灵顿在 1809 年的塔拉韦拉之战、1812 年的萨拉曼卡之战和 1815 年的滑铁卢之战等战例，都可充分说明这些真理。

九、大战术是巧妙组织和指挥交战的一种艺术

交战是相互竞争的两军具有决定意义的冲突

若米尼认为，战略可使军队指向作战地区的决定点上，为交战准备胜利的机会，并预先影响交战的结局。但只有战术加上勇气、天才和幸运才能真正取胜。所以说，在战争艺术中，有一种特殊的活动在起作用，这就是"大战术"。

那么什么是"大战术"呢？若米尼说："大战术是巧妙组织的指挥交战的一种艺术。大战术的组织指导原则同战略的组织指导原则一样，就是把自己的主力仅用于对付敌人的一部，仅用于能保障获得最大战果的决定点上。"可见，若米尼所说的"大战术"，就相当于介乎战争和战斗之间的战役。

若米尼认为，大战术的主要研究对象就是交战。他说："交战是在重大的政治和战略问题上相互竞争的两军具有决定意义的冲突。"

在他看来，有人认为交战就是战争主要的和具有决定性的行动的看法并不尽然。往往有些军队之所以溃败，是由于受到一些战略行动的影响，并没有进行交战，而只是进行了一些小规模的战斗。不过，确实也有另一种情况，即不需要任何大规模的战略行动，交战也能决定战争的胜利。

他认为，影响交战的因素是多方面的，如采用的战斗队形的种类，执行作战计划时表现出的才智，军官与统帅的合作精神，斗争的原因，部队的冲力比例和素质，以及炮兵或骑兵的优势和巧妙运用等。但最重要的因素还是军队及民族的士气。正是这些因素能使作战行动获得或多或少的具有决定意义的胜利。

若米尼把交战分为三大类：第一类是防御交战，即军队占领有利阵地等待敌人攻击而进行的交战。第二类是进攻交战，即军队攻击处于已知阵地的敌军的交战。第三类是不预期的交战或双方在行军中的遭遇交战。

必须正确选择战场上的决定点

若米尼非常强调正确选择战场上的决定点问题。他说，一旦定下向敌人进攻的决心，那么不论情况如何都必须预先明确："每次交战中总有一个决定点，只要战争原理得到适当的应用，它就比在其他点更能赢得胜利。所以必须力求把力量集中用在这个点上。"因此，必须根据地势、地形条件对军队战略目标的影响，以及双方兵力的部署，正确选择战场上的一个决定点。

他举例说，当敌人一个侧翼的战线及其延伸部分是以将要交战的高地作为依托时，从战术上看，占领这些高地似乎是很有利的。但可能会有这种情况，即这些高地很难进入，而且从战略上看，其位置恰恰处于最不重要的地位。

在1813年5月的包岑会战中，联军的左翼是以波希米亚的陡山为依托的，而当时的波希米亚与其说是敌对的还不如说是中立的。因此，从战术上看，这些山地的斜坡似乎就是战场上的决定点。但从战略上看，却恰恰相反，因为该处的地形很有利于防御，而联军却只有通向赖兴巴赫和格尔利茨的一条退路。反之，法军如果从平原向右翼攻击，便可能切断这条退路，把联军逼得向山地退却，使其丧失全部物资和大部分人员。从地形条件看，在这个地区的行动比较容易，能获得更大战果，同时要克服的障碍也比较少。

若米尼根据上述事实将选择战场上的决定点归纳出以下几条原理：

1. 战场上的地形要点并不一定就是战术要点；

2. 凡战场上的决定点不论从战略或地形上看都将是有利的；

3. 如果战场上战略点周围的地形并不过于险阻，那么这个战略点通常就是一个最重要的点；

4. 但有时也会有这种情况，即决定点的选择主要决定于双方兵力的部署。所以如果敌军的战斗线延伸过远，而且兵力分散，那么其中心往往就是最主要的攻击点。反之，如果敌军战斗线集中，那么其中心就可能是最强点，因为不论其后面的预备队如何，这个点都很容易得到两翼的支援。在这种情况下，决定点就应该选在敌人阵地的一个侧翼。当在兵力上比敌军占绝对优势时，则可同时向敌军两翼进攻，而当兵力彼此相等或占劣势时，则不应如此。

由此可见，交战的全部计谋就在于如何把主力用于上述三个点中的最有利的一个点上。

必须善于实施机动

若米尼在论述交战问题时声称，他绝不反对其目的在于击破和迂回敌军翼侧的机动，并经常鼓励采取机动。不过又认为，对实施机动来说，重要的问题是及时和巧妙。同时相信，要夺占敌人的交通线而不失去自己的交通线，实施战略机动比战术机动更为可靠。

他还在论述如何选择得当的战斗队形取胜的问题时认为，战术上最大的困难是如何能使协同参加攻击的诸多独立部队同时行动，以争取预期的胜利。或者更确切地说，是如何实施主要机动以便按原定计划取得成功。

其中，如命令的传达不准确，统帅属下的军官们对命令的理解和执行力欠佳，一些人勇而无谋，另一些人精神不振或缺乏洞察力等，都可能妨碍军队的协同动作。至于有些意外情况会使有的部队不能如期到达，那就更不用说了。

由此可以得出两条无可争辩的真理：第一条是，具有决定性的机动越简单就越有把握成功；第二条是，在战斗过程中随机应变采取突然的机动，往往比事先预定的计划容易获得成功。

例外的情况是，由于事先预定的机动是根据先前的战略行动制订的，按照这些机动能使决定交战结局的各纵队指向决定性的攻击点，无疑可保障成功。滑铁卢和包岑之战都证明了第二条结论。当比洛和布吕歇尔一到达弗里舍尔蒙高地，法军的失败就不可避免了，当时对法军来说，继续作战就将意味着败得更惨。包岑之战也是如此，当内伊到克里克斯后，联军于1813年5月20日夜间撤退是使自己得救的唯一办法，因为联军若在21日撤退就来不及了，另一方面，如果内伊能更好地采纳他人的建议行动，就可能获得更大的胜利。

至于突入敌线的机动问题，若企图与派往同一战线的其他部队的各纵队协同行动，以便绕过敌军侧翼进行大规模迂回运动，其成功的可能性则令人怀疑。因为如果要想成功就必须计算准确，并能得到严格执行，而这将很难做到。

若米尼还在论述交战中的迂回机动问题时认为，这种机动的规模不宜过大，否则将致使有些本来似乎是准备得很好的计划归于失败。

原则上说，军队的任何移动如果伸展过远，使敌人能赢得时间分别击破我军一半兵力，那么这种移动就是一种孤立无援、危险的移动。但由此可能产生的危险的大小还决定于能否具有迅速果断的洞察力，以及敌人运用何种战法。

由此不难理解，为什么同样的迂回运动对某些人可以成功，而对另一些人却会失败。如这种机动对弗里德里希、拿破仑或威灵顿来说，即使伸展过远也能获得成功，而对一些庸将来说，或者不能机智地重新夺回主动权，或者惯于不协调的运动，其结果必败无疑。

所以要确定一条绝对的行动准则是相当困难的。只有一个办法，就是必须把主力控制在手中，以便于在适当时机使用。但同时又应注意防止极端，即不要使其过分密集，以便有把握地应付任何事变。如果对方主将并不精明，并且主张过分伸展的迂回运动，那我方就可比较大胆地采取行动了。

历史上有些战例可以证明上述真理，并且说明由于与之较量的军队和主将的不同，会使此类机动产生不同的结果。

七年战争中弗里德里希之所以能在布拉格获胜，是因为奥军在其右翼和余部之间留下一块 975 米至 1170 米的不大空地，当其右翼被击溃时，余部按兵不动。对这种按兵不动的做法尤其感到不寻常的是，当时奥军左翼部队离应予支援的右翼部队的距离，要比弗里德里希进攻奥军右翼的距离近得多，因为奥军右翼的部署形成钩形，迫使弗里德里希军队不得不沿一个半圆弧形运动。

与这一战例相反，弗里德里希在托尔高却险遭全军覆没之灾。因为他企图迂回奥地利元帅道恩的右翼时，其左翼部队行动范围过宽，兵力也过于分散。后因弗里德里希的右翼部队实施向心运动，使其部将莫伦道尔夫前出锡蒂茨高地与之会合，才使局势转危为安。

1797 年的里沃利会战是这种古典机动作战的典范。当时，奥地利元帅阿尔温奇和他的参谋长魏罗特尔企图合围集结在里沃利高原的为数不多的拿破仑军队。然而，当他的左翼挤在阿迪杰河谷，而吕西扬企图采取大迂回以右翼前出法军后方，结果自己反被合围俘虏时，他的中央已被击败。

另外，企图在里沃利包围拿破仑的魏罗特尔将军不顾以往的严重教训，竟试图重复在奥斯特利茨的战法。当时，联军左翼为了包抄拿破仑的右翼，以切断其向维也纳的退路，竟绕道约八公里作环程运动，致使战线空出约两公里未予占领。而拿破仑则利用这一有利形势向对方孤立的中央发起攻击，然后再进攻在特尔尼茨和梅尔尼茨两湖之间陷入困境的对方左翼部队。

最后，威灵顿之所以用类似的机动赢得萨拉曼卡会战的胜利，是因为法国元帅马尔蒙由于企图切断威灵顿通向葡萄牙的道路，致使其左翼留出了一个约两公里的空间，而威灵顿则利用这个空间击溃了失去支援的这个左翼。

不难理解，如果在里沃利和奥斯特利茨是奥地利将军魏罗特尔同法国将军茹尔当作战，那么魏罗特尔就可能歼灭法军，而不是自己反遭失败。因为这位在斯托卡赫曾用四支孤立无援的小部队去攻击一支6万之众军队的将军，可能不善于利用对他采取的过远运动。法国元帅马尔蒙也是如此，当他到达萨拉曼卡，与其作战的是在战术上既有经验又有锐利眼光的敌手时，他遭到了不幸，而如果其面临的对手是普鲁士的约克或英国的穆尔时，他就有可能获胜。

在现代获得成功的迂回机动中，滑铁卢和霍恩林登之战所取得的战果最为辉煌。不过，滑铁卢之战几乎是战略性运动，并同时有一系列有利的情况出现，而同时出现这些有利情况则是非常少见的。至于霍恩林登之战则在战史上很难再找到这样的战例。

并且，瓦格拉姆之战的胜利，在很大程度上是由实施迂回的达武的那一翼决定的。但如果他不是因为麦克唐纳、乌迪诺和贝尔纳多特对敌中央发动强大攻击而及时得到支援，那将有可能出现另一种相反的局面。

看到上述历史上诸多结果相反的战例，可能会使人得出结论，关于这一问题可能将提不出任何准则来。其实并非如此，因为下述情况是很明显的：

1. 一般说来，如果能采取严密而连续的战斗队形，就将能对各种情况应付自如，仅偶尔会有少量牺牲。但最重要的，是对将与之交战敌人应作很好的了解和分析，以便根据敌人的特点和部署来采取相应的大胆行动。

2. 在兵力和士气均占优势情况下所采取的机动，若用于双方兵力和指挥官能力相等的情况下，就可能成为不谨慎的机动。

3. 当对敌军一翼实施包围迂回时，应从其他方面攻击配合，以其他兵力及时给予支援。其方法是指向敌军的正面，或对敌军侧翼攻击，或对敌军正面的中央攻击。

4. 采取战略机动，在交战之前即切断敌人的交通线，并在不失去自己退路的原则下攻击敌人后方。这将比采取战术机动取得更有把握、更大的战果，并无须在交战中作任何分散的移动。

必须把握交战的理论原则

若米尼在论述交战的含义、正确选择战场上的决定点，以及如何实施机动等问题的同时，还将交战的理论归纳为13条具体原则：

1. 一个进攻的战斗队形的目的是用一切合理的方法，把敌人从原有阵地赶走。

2. 战争艺术所指明的机动行为，就是要只在一翼上压倒敌人，或在中央和一翼上同时压倒敌人。此外，采取迂回包抄敌人的机动，也可使敌人退出原有阵地。

3. 在攻击发起之前，如能将机动行为加以隐蔽，不为敌人发现，则获得成功的可能性就更大。

4. 如果我军在兵力上不占很大优势，而同时攻击敌人的中心和两翼，将完全违反战争艺术原理。主要原则是，要大力加强一点上的攻击，但同时又要使其他点上的攻击避免受挫。

5. 斜形战斗队形的目的是能至少使用一半兵力去攻击和压制敌军的一翼，同时又要使其余兵力免遭敌军突击，以形成梯次配置或斜线配置。

6. 无论凸出、凹入或垂直等战斗队形，都可作两种部署，或平行进攻，或加强兵力对敌线一部进攻。

7. 由于防御应竭力阻止敌军的攻击，所以防御战斗队形的部署目的就是使进攻的敌军难以接近我军阵地，并控制隐蔽良好的强大预备队，以便在决定性的时机，将其用在敌人以为是弱点的地方发起攻击。

8. 很难完全确定用什么方法迫使敌军放弃其阵地是最好的方法。任何战斗队形或部署，只要既能发挥火力的优势，又能有利于攻击和提高士气，就是完美的战斗队形。如果能把展开的战线同根据情况和时机逐次投入战斗的纵队巧妙地结合在一起，就总是一种好办法。不过，当实际运用这种办法时，由于将领的军事眼力、官兵的士气、人员的各种机动和射击的训练程度，以及当地情况或地形特点等，都会有很大影响，所以也会发生很大变化。

9. 进攻的主要目的是追击敌军，直捣其阵地，特别是尽可能有力地将其兵力切断。为达到这一目的，通常应集中兵力攻敌一点。不过，有时直接攻击反而成功的把握不大，而最有效的办法却是对离退却路线最近的敌军一翼实施迂回包围，这样将使敌人因怕被切断退路而退却。

在历史上使用这种战法获得成功的例子很多，尤其是当敌军统帅意志不太坚定时更易奏效。虽然用这种机动获得的胜利往往不太具有决定性，而且敌军也不会因此而使实力有太大的损失，但即使这种机动的一半胜利也足以证明，对这种机动绝不可轻视，精明的将帅必须善于及时运用，特别是应善于尽量把这种机动同主力的攻击结合起来运用。

10. 如果既使用主力在正面攻击，又从敌侧翼采取迂回机动进行动摇，就比单独使用任何一种方法更有把握获胜。但不论使用两种方法或单独使用一种方法，如果当前之敌较强大，就必须绝对避免过分分散行动。

11. 夺取敌军阵地，即以主力突入敌线，迫使敌人退却的方法通常是：首先用优势的炮兵火力动摇敌军，继而用骑兵适时出击，在敌军中造成混乱，最后用步兵主力，前以狙击兵开道，侧以骑兵掩护，对已动摇的敌线发起猛攻。

不过，当这种密切配合对敌方第一线的攻击获得成功后，还需进攻第二线甚至预备队。此时，攻击之所以会变得更为艰巨，是因为敌人第一线失利的精神打击并不一定导致其第二线的撤退，同时也不会使守军的将领丧失斗志。

事实上，进攻军队虽然初战获胜，但其本身也将发生某些混乱现象。此时，要用第二线部队来替换第一线部队将非常困难。这不仅是因为第二线部队直至其交火的战场总是跟不上主力部队的前进速度，而且更因为在交战最激烈的时刻，以及在敌人集结重兵准备反击的时刻，往往很难用另一个师来替换一个师。

所以完全可以断定，如果守军将领及部队能够同样很好地履行自己的职责，保持高昂的士气，而且他们的侧翼和退路尚未受到威胁，那么他们实施反击几乎总是有利的。但为此必须准确而迅速地利用有利时机，用第二线部队和骑兵对获胜的敌军实施反击，否则如果失掉短暂的有利时机就将难以挽回，也会使第二线部队与第一线部队遭到同样的不幸。

12. 进攻者要想获得成功，其最困难同时也是最可靠的方法，就是要善于使用第二线的兵力去支援第一线，使用预备队去支援第二线，并且要准确计划对骑兵和炮兵部队的运用，以协助和支援向敌军第二线发动具有决定性的攻击，这也是一切战术问题中的一个最大的难题。

但在这种紧要行动的关头，仅靠理论是很不够的，比理论更重要的莫过于一位久经考验的勇敢沉着的将军在战争实践中表现出的军事天才和洞察力。

同时使用各兵种的最大联合力量作战，这是每个将军在战斗中具有决定性的时刻所亟待解决的任务，也是确定其行动的准则。而在具有决定性的时刻，往往是一方的第一线已被突破，双方都在倾其全力作最后的搏斗，一方想获全胜，一方则力图转败为胜。为了使这种具有决定性的突击更有把握和更能奏效，同时向敌军一翼攻击能产生最大的效果。

13. 在防御中火枪的射击要比在进攻中发挥的作用更大，因为在进攻中为夺取一个阵地，关键在于行进，而行进和射击又是射手要在同一时间内做到的两件事，这对主力来说是必须放弃的一种做法。由于防御者的目的不是攻占阵地，而是打乱和击溃向其攻击的敌军纵队，所以其第一线应由炮兵和火枪手组成，而后当敌人逼近第一线时，则应以第二线纵队和部分骑兵对突入第一线之敌实施反击，这样就一定能将敌人击退。

遭遇战是战争中最富戏剧性的行动之一

若米尼在论述大战术与交战问题时还专门论述了两军行军遭遇战的问题。他说："两军在行军中所发生的不预期遭遇战，是战争中最富有戏剧性的行动之一。"

他认为，在多数交战中，往往总是一方预先占领一定的阵地等待敌人来攻，而另一方则对该阵地尽可能详细侦察后再发起攻击。

不过，也常会有这样的情况，特别是在采用现代方法和一方进行反攻时更容易有这样的情况，就是两军相向行军，都企图进攻对方，但彼此都不了解对方的意图。结果就会出现对双方都是出其不意的情况，因为双方都同样会估计落空，同样会在预料不到的地点同对方遭遇。

最后，还常有这种情况，就是一方找机会对对方发动奇袭，而另一方则在行军中有意让对方对自己发动攻击，如法军在罗斯巴赫发生的情形就是如此。

若米尼由此谈及良将在遭遇战中的作用，在他看来，正是在这种非常的情况下，一位良将可能表现出其全部才智，甚至一个战士也可发挥自己的才干，影响战场上的变化。

也正是在这种情况下，才能识别伟大军事统帅的特点。常常会有这种情况，即不是因主帅有功而是因部队勇敢善战，才使交战获胜。但是，在吕岑、吕札拉、艾劳、阿本斯贝格等地所取得的胜利，却只能归功于主帅的伟大性格及其顽强意志和英明指挥。

在谈及这种不预期遭遇战的战法时，若米尼认为，由于在这种遭遇战中偶然性太多，往往富有诗意，所以很不容易为这种交战拟定出一些固定的准则来。不过，正是在这种情况下，才更需要深刻了解战争艺术的基本原理，并通晓战争艺术原理的各种使用方法，以便为此目的而采取只有临阵短兵相接时才能组织的各种机动。

所以可以说，对这种不预期情况所能提出的唯一准则，就是不论情况如何都必须预先明确，每次交战总有一个决定点，只要能把这些不预期的情况同先前的情况，以及双方的体力和精神状况结合起来加以考虑就可以了。

当行军的两军都像以往一样，携带一切宿营设施，并在行军中不预期遭遇时，对每一方来说，最好的办法就是把前卫兵力展开在自己行进道路的右方或左方。同时，每方都应集中主力，根据自己既定的目标将其投入适当的方向。

如果把全军主力展开在前卫部队的正后方，就将铸成大错。因为即使能完成这种部署也不过只能形成一个不完善的平行战斗队形。如果敌人对我前卫发动猛攻，就可能使得尚在运动中的我军主力陷入混乱溃败。

在现代作战体系中，由于军队的机动性提高，可沿几条道路行进，而且分别组成能独立作战的几个集团，所以这种溃败并不可怕，不过作战原理依然不变。一般说来，总需确定和建立前卫，其次应根据行军出发时所确定的目标把主力集中在适当的点上。这样，不论敌人采取何种机动样式，我军都能应付自如。

突然袭击是为攻占某个重要地点而采取的果断行动

若米尼声称，他在这里所要研究的不是游击战或轻装部队交战的小规模奇袭，也不是俄国和土耳其骑兵最拿手的小规模奇袭，而主要是整个军队所实施的袭击。

他在谈及突然袭击的含义时认为，所谓"突然袭击，这是一支部队为攻占某个具有相当重要性和实力的地点而采取的果断行动。突然袭击同时包括两方面，一方面要达成突然性，另一方面又要以有生力量实施攻击，因为要达到突然袭击的目的，这两个方面缺一不可"。

虽然从形式上看，这种突然袭击行动几乎纯属战术范畴，但不应否认，这种行动的全部价值却决定于要攻占的目标与作战行动的战略意义之间的关系如何。

但是，这绝不意味着，要使突然袭击服从战术原理。因为"突然袭击"这个术语的本身就已表明，这种行动可以说已超出了一般原则的范畴。

这种突然袭击的战法有时能取得十分重要的战果，如1828年对锡济波里的攻陷，1796年彼得拉什将军对克尔进攻的失败，1702年对克雷莫纳、1704年对直布罗陀、1814年对贝尔戈普措姆的突袭，以及对马翁港和巴达霍斯的攻陷等战例，都能说明各种不同的突然袭击。

若米尼还由此指出："突然袭击的成功，有的是通过进攻的突然性取得的，有的是靠有生力量的行动取得的；在采取这种行动时，取得成功的必要条件是攻方的机智、灵活、谋略、勇敢和守敌的恐惧。"

他说，在火器发明以前，要想实行奇袭，要比现在容易得多。因为自有了枪炮后，从远处即可听到枪炮之声，几乎不可能对一支军队进行全面奇袭，除非这支军队不执行野战勤务的要求，疏于前哨警戒，任凭敌军直捣其巢穴。

七年战争史上，普鲁士统帅弗里德里希二世在德国霍赫基希遭到奥地利元帅道恩的奇袭，是值得思考的一个战例。这个战例表明，奇袭，不仅要对正在熟睡和戒备不严之敌进行攻击，而且还要采用突然迂回的方法，对敌军之一翼进行攻击。事实上，奇袭不仅是要在敌人孤立分散在帐篷里时对其进行攻击，而且要在敌人未及采取反措施之前隐蔽地把大部队投向攻击点。

自从军队不再以帐篷设营以后，预先计划的奇袭就更少更困难了。因为要实施预先计划的奇袭，就必须准确了解敌军营地的配置。虽然在马伦戈、吕岑和艾劳也发生了类似出敌不意的袭击，但实际上这只能算是意外的攻击，还不能叫作奇袭。

在当时所能举出的唯一的大规模奇袭，则是1812年对俄国塔鲁季诺的奇袭，法国元帅缪拉曾在此地遭到俄国将军贝尼格森以优势兵力出其不意的攻击，并被击败。缪拉虽为自己的冒失辩护说，那是他因依赖了默许的停战而造成的，但实际上当时并不存在任何类似的协议，而是缪拉的疏忽大意犯下了不可饶恕的错误。

在若米尼看来，要想使奇袭获得成功，就必须选择奇袭的最佳时机。他说，很显然，奇袭一支军队营地的最好时机，就是在拂晓前敌人根本意想不到之时。此时，一定会使敌人惊慌失措，只要我军能了解地形，使自己的部队保持适当的战略和战术方向，那么除非发生意外，否则就能获得完全成功。对这种作战行动绝不应忽视，尽管这种作战行动不会经常发生，也不会像大规模战略行动取得那样辉煌的战果。

若米尼还由此认为，既然应利用一切机会出其不意地袭击敌人，同样也应采取一切必要措施预防敌人突然袭击。

退却是一切战争行动中最困难的一种行动

若米尼曾以较多的篇幅探讨退却问题，他指出："退却是一切战争行动中最困难的一种行动。"对此，德利涅亲王曾断言，他似乎从来不曾见过一支军队用什么方法能够在退却中获得成功。若米尼也感叹这种说法的"千真万确"。并深有感触地说，事实上，如果能考虑到因交战失败而退却的军队的体力和精神状况，维持退却秩序的困难，以及由于稍有混乱即可引起的覆灭后果，那就很容易理解，为什么最有经验的将领要下决心退却竟如此困难。

若米尼还以设问的方式谈及了退却的方法问题，即应不应该拼死战斗到天黑，以便在夜幕的掩护下开始退却呢？当还可能有秩序地退却时，是否不必等到最后一刹那才脱离战场呢？应不应该趁着夜间极力实施强行军，尽量远离敌人或退到相当距离有秩序地停下来作再战的准备呢？

他回答说，在这些方法中，每一种方法都可能在有的情况下有利，而在另一种情况下又可能导致整个军队覆没。

假使你要全力奋战至黑夜来临，那你可能等不到天黑便已全军覆没。假使在夜幕降临黑暗笼罩下被迫退却，军队对什么都不明了也不知道该怎么办，那应用什么方法避免军队的崩溃呢？反之，假使你在白天即撤出战场而不等待最后的转机，那你就有可能在敌人已经停止进攻时遭到溃败，这种退却会使部队丧失信心。假使军队领导人不是在明显迫不得已的情况下决定退却，那部队就会指责这些谨小慎微的领导人。此外，又有谁能保证在相当的敌人追击下的退却不会变成毫无秩序的溃退呢？

另外，在退却真正开始时，要决定是否应用强行军来争取先敌行动仍是困难的问题，因为这种仓促的行动有时会使全军覆灭，有时又会使全军获救。所能提出的意见是，一般来说，假使军队的数量相当庞大，那最好还是慢速退却，分阶段进行，并保持一定距离。因为在这种情况下，可组成兵力较多的后卫部队，以便把敌人先头纵队迟滞一定的时间。

若米尼认为，退却可分为很多不同的种类，其分类标准可根据退却的原因而定。

有的在交战尚未开始之前就先自引兵后退，其目的是诱敌离开其原来的位置而进至一个更为不利的位置。这种行动与其说是退却，不如说是一种谨慎的战略机动。

例如，拿破仑于1805年由威绍退往布尔诺，其目的是想把联军诱至对他有利的地点。同样，威灵顿由卡特勒布拉退往滑铁卢，也是为了这个目的。

有时为了防守在侧翼或退却线上受到敌军威胁的某个点，即使未遭失败也必须退却。有时在地瘠民贫的地方运动到距离补给中心过远时，为了靠近仓库也必须退却。最后，当交战失败后或某一行动失利时，也会被迫实行退却。

影响考虑退却的并不仅仅是上述这些原因。并且这些原因可能随着当地的地形特点、所要经过的距离，以及敌人可能设置的障碍等而有所变化。在敌国的境内实施退却则是特别危险的。开始退却之点距离边界和作战基地愈远，则退却就愈困难愈危险。

从古代著名的一万希腊人的大退却起，至1812年法军惨败止，历史上对出色的退却记载不多。古罗马统帅安东尼在米底战败而进行的退却与其说是光荣的，不如说是艰苦的。古罗马皇帝朱利安在被巴特尔人追击时，其退却遭到了惨败。

在近代史上，法国国王查理八世为从那不勒斯返回，而必通过驻守福尔诺沃的意大利军团主力侧旁所实施的退却，也是不光彩的。法国元帅德·贝利斯尔从布拉格的退却，只是盛名之下其实难副。普鲁士国王在解除奥尔米茨之围和奇袭霍赫基希之后所实施的退却，虽组织得很好，但还算不上是一种远距离退却。法国将军莫罗于 1796 年实施的退却，虽然令人满意但并无惊人之处。

此外，法国将军莱古尔布从恩加丁向阿尔托夫的退却，法国元帅麦克唐纳在特雷比亚河上失败后经蓬特雷莫里的退却，以及俄国统帅苏沃洛夫从穆滕达尔向库尔的退却等虽都是光荣的，但都属于局部性且持续时间短暂的行动。

而俄军 1812 年从涅曼河向莫斯科的退却，胜过其他一切退却。因为当时虽然俄军要行经 960 公里的距离，又有像拿破仑这样一个敌人，而且后面有刚毅勇敢的法国元帅缪拉所指挥的一支骑兵在追赶，却未被击溃。当时似乎有许多情况都对俄军退却有利，但绝未因此而使俄军的这次退却有所逊色。俄军这次退却之所以成功，即使不是由于指挥的将领具有战略才能，至少也是由于执行的部队具有惊人的信念和坚忍刚毅的精神。

最后，拿破仑从莫斯科的撤退虽然对他本人而言是一场惨败，但就退却本身而论却使他本人及其部队在克拉斯诺耶和别列津纳河赢得了荣誉。因为当时他的部队本会遭全歼无一回归的，但他却保住了军队的骨干。在这次退却中，双方都同样赢得了荣誉，只是运气和战果不同而已。

若米尼认为，决定退却命运的主要因素包括，所要经过距离的长短，所要经过地区的性质，当地所能提供的资源，敌人可能在侧翼和后方构成的障碍，骑兵的优劣，以及部队士气的高低等，但更重要的还要看主帅为确保退却所能采取的巧妙部署。

在他看来，假使有两支军队，一支军队是在本国境内向着自己的补给线退却，而另一支军队退却时要宿营，要为寻找宿营地分散行动，那么无疑前者比后者更易于保持军队集中，维持良好秩序，并安全退却。

如法军 1812 年从莫斯科退回涅曼河时，既缺乏给养补给，又没有必需的骑兵。而俄军从涅曼河退回莫斯科时，既有充足的补给，在本国国土行动，又有无数的轻骑兵掩护。所以，假使要求法军的这次退却能像俄军的那次退却一样井然有序和充满信心，那就未免太荒唐了。

与此同时，若米尼还归纳了通常组织退却的五种具体方法：

1. 全军只沿一条道路运动；

2. 全军仍沿一条道路运动，但分为两个或三个军，成梯次行进，各军之间相隔一日行程，以防造成混乱，特别是防止炮车辎重队混乱；

3. 沿着数条近似平行的道路，向着同一正面、同一目标行进；

4. 从两个相互远离的点出发，向着一个偏离中心的目标行进；

5. 沿着数条向心道路行进。

他认为，在这些退却中，总还需要组织良好的后卫，并应以预备队骑兵之一部予以支援。对于所有退却都应有这样的部署，但这与战略无关。

若米尼还继而对上述五种方法作了进一步的具体说明。他说，一支完整的退却军队假使企图在与增援部队会合后或在到达预期的战略点后进行战斗，那么最好采取第一种退却方法。因为这种退却方法能保障军队各部紧密集中，随时应战。为此，只需纵队的先头部队停下，其余部队则在其掩护下随之调整部署即可。不过，当采取这种方法时，如果有些小的侧路可用，能加速军队的安全行进，那全军就不应都沿一条大路行进。

当拿破仑在斯摩棱斯克会战退却时，他所采取的则是第二种方法。但他却不免犯了一个大的错误。因为敌军不是尾随其后面追击，而是沿着横的方向行进，致使双方几乎形成垂直态势，俄军恰恰指向其孤立的各军中间空隙。结果，法军在克拉斯诺耶苦战三日，遭到大败。

沿一条道路梯次行进的退却是为了避免道路上的拥挤，为此，各军出发时间的间隔能保障炮兵的行动需要即可，无须间隔一日行程。所以最好的办法还是把全军分为两大部分，另加一个后卫队，而各部分之间的间隔保持半日行程。这些部队若能逐次出发，使各军之间保持两小时的间隔，那至少在一般地形上可以畅通无阻，不会发生拥挤现象。不过，当通过圣贝尔纳山口和巴尔干山脉时，则应另当别论。

第三种退却方法是沿着几条平行道路退却。当这些平行道路之间距离较近时，采取这一方法退却将非常有利。但如果这些道路之间距离过远，各翼孤立无援，那么一旦敌集中主力对其拦击，迫使其接受作战的话，就很容易被敌人各个击破。普军 1806 年从马格德堡向奥得河的推进，为此提供了有力的证明。

第四种方法是军队分别沿着两条向心的道路退却。毫无疑问，如果接到退却命令时各部队的位置相距很远，则采取这种方法最为有利。因为在这种情况下，最好应集中兵力，而向心退却也就是集中兵力的唯一途径。

第五种方法是比洛所主张的著名的离心退却方法。比洛所主张的这种方法就是，军队应从某一固定点出发，分散沿着离心路线退却，其目的有二：一是便于摆脱敌人的追击，二是威胁敌人侧翼和作战线以阻止其前进。也就是说，比洛的离心能动的含义，并不是要沿着许多条离心的路线退却，也不是要直接退向作战基地中心或国土中心，而是要沿着从这个作战停战点出发的离心方向向国境周围退却。

若米尼认为，只有两种情况才可采用离心退却方法。第一种情况是，一支军队在本国境内遭到惨败，其分散的各部将退向有要塞的地区以求得掩护。第二种情况是，战争能得到当地人民的同情和支持，这支被分割的军队的各部开往各省，以便成为各省人民起义的核心。但假使在正规战争中采用这种方法就未免荒谬可笑了。

他还认为，在退却方面，还有一个主要与战略有关的问题值得考虑，即要决定在何时沿与边界垂直的方向直接退向国土中心或沿与边界平行的路线退却。举例来说，当法国元帅苏尔特1814年放弃比利牛斯山脉时，面临着两种不同的选择：或者沿着通往法国腹地的道路退向波尔多，或者沿着比利牛斯山脉上的边界线退向图卢兹。同样，当弗里德里希从摩拉维亚退却时，他向波希米亚前进而未退回西里西亚。

若米尼指出："这种平行退却的方式常常是最有利的，因为它可以转移敌人的兵力，使其不向我方的首都或实力中心前进。边界的地形，要塞的位置，以及军队为了运动和恢复与国家中心直接的交通联络所需通过的空间，这一切都是决定采取这种退却方法是否适宜的主要因素。"

追击应尽可能采取大胆和积极的行动

若米尼在探讨退却的同时也涉及了追击的问题，他说：

"当一支军队退却时，不论出于何种动机，敌方通常总是要追击的。"他联系退却阐述说，退却时，即使组织得非常严密，军队也完整无损，可一般来说，追击军总还是要占某些优势的。在战败之后和在远离本土的地区实施退却是战争中最难的行动。如果追击组织得巧妙，那么这种困难还会随之增加。

他认为，追击的勇气和积极性主要决定于统帅的大胆性格和两军的物质及精神状况。虽然很难提出一些能适用于追击中一切情况的绝对原则，但必须承认以下几点：

1. 一般说来，追击最好应指向退却之敌纵队的翼侧而不是后尾。尤其在本国境内追击时更应如此。这时不必害怕任何危险，可以采取与敌人作战线交叉甚至是垂直的运动方向。但无论如何不应迂回过远，否则会把敌人完全放走。

2. 一般说来，追击时还应尽可能地采取大胆和积极行动，特别是在交战取胜后实施追击时更应如此。因为被击溃的军队，其士气已很低落，极易在追击下遭到全歼。

不论古罗马谚语的说法如何，用所谓为敌人架设"金桥"的方法通常是不明智的。只有在劣势军队取得几乎是意外成功时，才有可能以这种"利诱收买"的方法促使敌人退出国土。

登陆作战是一种很少采取的军事行动

若米尼在论述登陆作战问题时说："登陆作战是一种很少采取的军事行动。假使面对敌军是一支准备完善的部队，那么这可算是一种最困难的作战了。"

他曾概要论述了登陆作战的简要历史。在发明火炮之前，运输船同时也就是战斗舰，都是人力操纵，比较轻便，可沿海岸行驶，其数量与登陆部队的数量成正比。那时只有风暴影响登陆计划的执行。舰队行动的组织计划几乎同陆军一样。这就是为什么古代史上的登陆战例远远多于近代史上的原因。

自从发明火炮以来，引起海军的重大变化。装备有上百门火炮的两三层甲板的大船，远远胜过运输船只。此时的登陆作战必须有战列舰编成的强大舰队支援，而且这支舰队要能始终控制着制海权，或至少要在登陆结束前能控制着制海权。否则是不可能完成登陆作战任务的。

自从发明平射炮以来，直至1803年拿破仑计划登陆英格兰为止，规模最大的就算是马其顿国王腓力二世著名的大舰队"阿尔马特"号所实施的登陆作战了。其他一些海外远征大都属于局部性行动。

例如，"神圣罗马帝国"皇帝查理五世和葡萄牙国王塞巴斯蒂安向非洲沿岸的进军，法国人向美国、埃及和圣多明各的几次登陆，以及英国人向埃及、荷兰、哥本哈根、安特卫普和费拉德尔菲亚的登陆等，就都属于局部性登陆作战。

之后，凡拥有强大军队的大国，都不会容忍3万~4万人的敌军登陆兵对其发动进攻，所以只有对次等国家才可实施登陆作战。因为假使要运送配备有大师炮兵、弹药和骑兵的10万~15万人的军队登陆作战，实在太困难了。

假使拿破仑将其16万人的精兵由法国的布洛涅运向欧洲西北部的不列颠群岛登陆的计划获得成功，那么我们就可得到解决大规模登陆问题的一个实例。不幸的是，这个庞大的计划未能实现，致使我们对解决这个问题仍感到高深莫测。

当时，法国人并非不可能一面转移英军的注意力，一面在拉芒什海峡集结50艘战列舰。这种集结已经到了实施的前夕，而且若在进行这种集结之后风向有利于跨海作战，法军舰队要在两昼夜内渡过海峡并实施登陆并非不可能。但假使暴风把法军舰队驱散，或英国舰队急返拉芒什海峡，把法军舰队击败或赶回原港，那法军又会出现什么情况则不得而知。

若米尼由此谈及了登陆作战应遵循的原则。他说，经验已经证明，即使是不超过三万人的军队要实施渡海远征也将十分困难。要用这么多的兵力登陆作战，只有在四种情况下才有实现的可能：1. 对方是孤立的殖民地或领地；2. 对方是个次等国家，而且无法立即得到援助；3. 登陆作战的目的是暂时牵制敌人，或攻占一个有必要占领一定时间的地点；4. 对方已参加一个大战，其军队距离我军登陆地点很远，而我军作战目的是从政治上和军事上同时对其进行牵制。

若米尼认为，这种登陆作战很难按照一些硬性规则实施，可向进攻一方建议的主要是：迷惑敌人，使其不能判断出我军的登陆地点；所选择的停泊场，应保障所有部队能同时上陆；要以最积极的行动登陆并力求迅速占领一个依托点，以掩护部队逐渐展开；立即使部分炮兵先行登陆，以保障和支援登陆部队。

在这种作战中的一个最大困难，就是大型运输船往往不能直接靠岸，使得部队只能乘坐随伴舰队的一些小船上陆。这样上陆不仅时间长，而且要逐次进行，会给企图进行抵抗的敌人造成可乘之机。假使海上风浪较大，登陆部队就可能面临很大危险，因为步兵挤坐在被海浪冲得飘忽不定的小船上往往会晕船，以致几乎不能使用武器作战，从而丧失战斗力。

最后，与登陆作战有关基于战略考虑的一条主要原则就是，对于一支陆上的军队来说，应绝对避免主力与敌人背海作战。反之，对一支登陆部队来说，则应力使主力始终与海岸保持联系，因为海岸既是它的退却线，又是它的补给线。同样由于这个原因，登陆军队首先必须攻占一个已设防的港口，或至少须占领一个既便于设防又靠近良好停泊场的深入海岸的楔形地带，以便部队失利时能依靠这个可能作为掩护部队行动的登陆场的半岛从容登船退却，而不致受到不必要的损失。

若米尼还由此涉及了抗登陆作战的原则。他说，至于防御一方，只能对其提出这样的忠告，就是在竭力设法掩护自己的部队时，不应使其过于分散。绝不可处处设防，沿岸平分炮兵和各营兵力。但至少对那些通往有重要设施和机关要点的道路都须加以防护。必须组织良好的通信联络，以便及时发现敌人的登陆地点，并尽可能乘敌人立足未稳之际，先机制敌，集中兵力将敌击退。

海岸的地势如何对于登陆作战中的攻守双方都有重要影响。有些地区的海岸陡峭，很少有地方既便于船只靠近又便于部队上陆。在这种情况下，往往便于守军对登陆组织监视，因而使登陆变得更加困难。

十、战争勤务堪称一切军事科学的实用科学

战争勤务是战争准备或调动军队的实用艺术

若米尼那个时代对战争勤务的含义有着不同的看法，若米尼则对此作了自己的解释。他说，战争勤务一词源自军需官。而军需官是一种官职，其职责过去是安排军队舍营和野营，指导纵队行军和安排其就地驻防。可见，过去战争勤务的一切内容就是通常所说的设营术。

但后来随着没有野营的新方式作战，军队的运动变得更加复杂，司令部的权限也变得更大。参谋长开始要负责把主将的意图传达到战争区内最远的各点，并为主将收集一切资料，以供其拟订作战计划。由于参谋长负责传达、解释甚至监督主将计划的一切详细执行情况，因此其职责必然会直接关系某个战局中的一切作战行动。自此以后，"战争勤务学的确堪称一切军事科学的实用科学"。

显然，老的战争勤务学只是解决行军问题的一门细节性科学，而之后的司令部职能则包括最高的战略计谋。因此，老的战争勤务学不过是参谋学中的一小部分而已，或者说，应当使其得到新的发展，使其成为一门新的科学，即不仅包含参谋学，而且还应包括司令官的领导艺术。也就是说，战争勤务学应包括与军队运动有关的一切事项。

基于此，若米尼对战争勤务学可能包括的主要内容作了罗列：

1. 预先为动用军队，即为开战准备一切必需的物质器材，并拟订各种程序、指示和行军路线，以便集结军队，而后投入战斗。

2. 为总司令拟制各种行动命令，并为预料或预定的战斗拟订各种攻击方案。

3. 为设置仓库和加强各种作战要点，与工兵和炮兵首长协调一切隐蔽措施，以便于军队作战。

4. 组织和指挥各种侦察，以获取有关敌人配置和运动的尽可能准确的情报。

5. 采取一切措施，按总司令命令精确协调一切运动。协调各纵队的行军，使其井然有序，协调一致；准备好一切常用器材，确保行军的方便和安全；规定行军停止的方式和时间。

6. 正确编组，并巧妙指挥前哨、后卫，以及负有掩护侧翼或其他使命的独立支队。供应他们为执行使命所需的一切物质器材。

7. 根据地形条件及敌人特点给各部队首长及其司令部下达训令和指示，指出接敌时部队应按纵队配置的不同方法，以及展开成战斗队形时应采取的最适当的部署方法。

8. 给前哨和其他独立支队指出万一遭到优势敌军攻击时的集结地点，以及必要时可望得到何种支援。

9. 组织并监督军需库、弹药库、粮秣库和野战医院在纵队中或在后面的移动，不要使其妨碍军队行动但又保持较近的距离；要采取措施确保他们在行进中，在正常停留以及在由辎重车构成的堡垒内的秩序和安全。

10. 组织用于补充给养和弹药的输送车辆源源不断到达目的地。保障集中国家和军队的一切输送工具，并调整其使用方法。

11. 指导设营工作，并对营内的安全、秩序、警卫和值勤等作出详细规定。

12. 建立和组织军队的作战线、兵站线以及派出的各独立支队与兵站线的交通联络。任命能胜任军队后方的组织和指挥工作的军官，在后方负责支队和辎重的安全；给他们下达必要的指示，同时对军队和基地之间的交通工具做好保养维修工作。

13. 在兵站线上组织康复队及轻伤人员和残废人员收容所，建立移动医院、缝纫工场，关心他们的安全。

14. 精确记下在翼侧或后方派出的支队，关心他们的命运，使其完成任务后能立即归队。必要时，给他们规定活动中心，可将其编为战略预备队。

15. 组建补充营或补充连，以便集中掉队人员和往返于军队与作战基地之间的小分队。

16. 围城时，确立各部队在堑壕里的值勤制度，并监督其执行；根据工兵指挥官的意见给部队指派应予实施的一切作业，并确定这些部队在出击和强攻时的任务。

17. 退却时，采取必要的预防措施以维持秩序；布置后备部队以支援和接替后卫；指派精明的参谋查明后卫为赢得时间可能成功进行抵御的一切地点；严格维持秩序，采取预防措施确保安全。

18. 宿营时，划定各军驻防范围，给各军指示紧急集合的地点，规定警戒措施，并监督其认真执行各种细则。

上述这些项目既可以说是属于总司令的职责，也可以说是属于司令部的职责。但毫无疑问，总司令之所以要有一个司令部，就是为了协助其去执行具体事务，以便其能集中精力考虑作战的最高指挥工作。因此，他们各自的职权必须是统一的。如果他们的职权在行动上缺乏一致性，军队将会遭到不幸。

应把握战争勤务的主要职责

若米尼在罗列战争勤务学可能包括的主要内容后，又从六方面对战争勤务的主要职责作了探讨。

1. 司令部为准备开战采取的措施中应包括一切有利于完成初期作战计划的措施。应通过对各种勤务的检查，确保一切装备处于完好状态。应检查和补充马匹、车辆及弹药箱等。总之，火炮、攻城器材及救护车等一切物质器材装备都须经过检查，保持完好状态。

司令部应为各军开往集结地点规定必需的行军路线，同时应使部队隐蔽行动，以免敌人察觉我军作战意图和有关行动。

如果是进攻战，在作战基地附近设置桥头堡或营垒时，应与工兵指挥官共同确定须在作战基地附近构筑的工事。

如果是防御战，则应在第一道防线和第二作战基地之间构筑此类工事。

2. 拟订行军和攻击的部署是战争勤务学的一项主要内容。这种部署由司令官最后决定，再由司令部传达各军。一位将领是否具有一流的素质，除看他能否构思完美的作战计划外，还要看他能否清晰地表达其构思，以利于命令的执行。

关于战争勤务这一重要问题，曾有过两种截然相反的方法。第一种方法可以称为老派，即每天就军队运动发布总的部署，其内容琐碎，故意搬弄经院式的玄虚哲学。由于这些细则通常是下达给各部队富有经验的指挥官，因而显得很不适宜。

另一种方法是拿破仑的方法，他给其元帅们只发布一道局部性命令，即给他们下达的使命只限于与每个人有关的问题，最多也只限于让他们了解将与之协同作战的左右邻各军的相关情况，但从不告诉他们全军的整体作战行动。

拿破仑之所以常常如此行动，一方面是因为他要为其层出不穷的作战计划蒙上一层神秘的色彩；另一方面是因为担心万一他的总命令落入敌人之手，使敌军得以挫败他的计划。

对于作战方案严守秘密无疑是十分有利的。弗里德里希就曾不无理由地说过，要是他的睡帽知道他脑袋里的秘密，那他马上就把这顶睡帽扔进火里去。这样的保密方式在弗里德里希时代还是行得通的，因为那时其军队都在他周围一起宿营。但到拿破仑时代及其之后，机动范围日益扩大，战争方式日新月异，要是将军们根本不知道他们四周的情况，那又如何指望他们能协同作战呢？

若米尼认为，这两种方法中，第二种方法比较合适。不过，还可采用另一种折中的方法，即介于那种极度简赅和极度烦琐之间的第三种方法。也就是说，只需给将军们下达与他们指挥的军有关的局部性命令，简要地给他们指出作战全局及其应参与的部分。而关于整个军队的作战计划，只需用密码对军长们略加透露即可。若没有密码，则应派一位理解力强、表达准确的军官口头传达命令。这样就不必担心会泄露秘密，而协同作战的全局也将得到保障。

若米尼还写道："无论如何，确定部署本身总是一项至关重要的工作，尽管部署的确定往往不能对人们必然期待的内容都规定得一清二楚。每个人都是根据自己的观点、性格、能力去制定自己的指令的。"认真阅读军队司令官给其部下下达的各种部署，是了解司令官业绩的再好不过的途径。

3. 军队完成集结准备采取作战行动时，必须尽量准确并全建制地实施机动，同时须采取侦察及隐蔽的各种常用措施，以保障运动的安全实施。

他说，不管是退却还是进攻，行军不外乎两种形式：一种是在敌人的可见范围外实施，另一种是在敌人面前实施。当军队行军时，主要的问题是让工兵部队紧跟在前卫之后，以便多开辟通路，扫除障碍，并保障全军各部队之间频繁的交通联络。

在采用当时的行军方法时，时间和距离的计算变得格外复杂。在考虑各部队开始运动的时间及其任务时，须考虑：他们应经过的距离；每一纵队所需携带的物资数量；当地地形条件的难度；敌人可能设置的障碍物及我军对此的适应情况；陷落行军或暴露行军的重要性等。

在这种情况下，无论对构成军队侧翼之大兵团，或对不在司令部所在之纵队行进的兵团，下达运动命令最可靠最简便的方法就是把决定一切细节问题的权力交给指挥各兵团的有经验的将领，注意培养他们办事准确无误的习惯。

此时，只告诉他们应设法到达的地点和目标、应选择的道路，以及进入预定阵地的时间就足够了。同时还应让他们知道哪些军随后跟进或在他们左右侧道路上行进，以便能调整自己的运动。最后还应告诉他们可能出现敌人的有关情况，并在他们被迫撤退的条件下指定退却方向。

若米尼认为，如果每天学究式地给这些军长下达命令，给他们规定在阵地上如何展开等种种细则的做法不仅无益反而有害。当然，必须掌握部队按照既定细则和惯用方法行军的情况，但应允许各军的指挥官有组织运动的自由，只要他们能按规定的时间抵达规定的地点即可。但如果全军要在同一条道路上实施退却，总部就应当精确地制定出各部队出发和休息的时间表。

每个纵队都应有自己精干的前卫和侧卫，以便根据要求小心行军。即使是在第二线行军，也务必从师里抽调几名工兵携带工具，走在纵队前头，以便排除沿途可能遇到的各种障碍物。同样，携带一些小型便桥所需的支架等轻便器材也总是大有用处的。

4. 一支军队运动时，前面应有总前卫或中央及两翼各有独立的前卫。比较常见的是，预备队和中央部队往往随大本营行进。一般说，若有总前卫则很可能在这条路线上行进。因此，有一半军队都将集中在中央一路上。在这种情况下，采取措施防止道路堵塞就显得格外重要。但往往也会出现这种情形，当主要突击指向某一翼侧时，预备队和大本营有时甚至连总前卫都可能转向这一翼侧。在此情况下，上述关于中央路线移动的一切规律同样也适用于这一翼侧的移动。

有一点很重要，即在前卫应有总参谋部派出的经验丰富的参谋。这些参谋应能对敌人的运动作出准确判断，并及时报告总司令，以便他定下决心，同时还应有助于前卫指挥官考虑这方面的问题。

5. 军队远离基地时，必须根据良好的战争勤务准则组织作战线和兵站线。兵站线是军队与其基地之间的联络桥梁。司令部应把这些兵站分成若干补给区，区中心设在大的城市，因为大城市能保证军队的营房和各类军需品的供应。

在每个兵站都应配备一些小仓库或拥有部分车辆的车场，或至少在补给中心须做到这一点。

对地方师的指挥应委派能力强、有预见的将军担任。因为军队交通线的安全将依赖于他们的活动状况。

这些师甚至可根据实际情况改编成战略预备队。几个精锐的营在往返于军队和基地之间的某些小分队的支援下，就足以维持和保护军队的交通线了。

6. 由于总参谋部为把部队的行军队形展开成各种战斗队形而应采取的种种措施，一半属于战争勤务性质，一半属于战术性质，虽值得认真研究，但由于太琐碎，不拟详谈。

必须切实掌握敌人行动的情报

若米尼强调要善于根据敌情采取军事行动。他指出："战争中实施巧妙机动的最重要的条件之一，无疑是在下达命令之前掌握敌人行动的情报。事实上，如果不了解敌人在干什么，又何以确定自己应该干什么呢？但是，掌握敌情虽至关重要，而要真正做到，却非常不易，但不说绝无可能。这也是战争理论和实践之间确实存在着较大差距的一个原因。"

正因如此，有些虽然常识渊博但既不具备军事天才又缺乏从事指挥作战的长期实践和丰富经验，在此情况下养成的眼力的将领，往往会犯错误。

对一个军校毕业生来说，当在地理图或想定地形图上可同时部署交战双方兵力时，拟制一份迂回包围敌人翼侧或威胁敌军交通线的作战方案将比较容易。但当他与一个精明、积极和勇敢的对手较量时，往往就会进退维谷，仓皇失措。若是一个缺乏军事造诣的普通将领，其庸碌原则上便更会暴露无遗。

因此，如果要在一位善于准确把握敌情的军官和另一位通晓理论的军官中选择将才的话，一般宁取前者而舍后者。因为创立军事理论绝非易事，但学习现成的理论却并无多大困难。

在阐明掌握敌情重要性的基础上，若米尼又提出了四种了解敌军行动的方法。第一种方法是建立一个完善的巨大的间谍网。但这里所说的是侦察敌军的行动，而不是特务告密等活动。第二种方法是由精干的军官率轻装部队进行侦察。第三种方法是通过审讯战俘获取情报。第四种方法是推理法，即根据两种不同理由形成自己最可能的推理。

在若米尼看来，要详细掌握敌军的内部情报，最可靠的方法莫过于间谍活动。因为侦察工作做得再好，也提供不了防线那边的详情细节。这并不是说侦察工作没用处，而是说不能完全依赖侦察的结果。

他说："凡是有利于了解敌情的一切手段都是应当采用的。"处理审讯战俘的关系也是如此。战俘的供述有时是有用处的，但如果过分相信他们就非常危险。一个精干的司令总是善于挑选几名有才学的军官去专门执行审讯俘虏的任务，并通过有的放矢的提问，从俘虏的回答中发现一些重要材料。

被派往敌人作战线活动的游击队队员也能了解有关敌人的某些情况，但因很难与他们保持联系，也就难以从他们那里获得情报。在一个广阔的基地上设立的间谍网倒能奏效，然而，一个间谍要想进敌军主将的办公室，以窃取敌方组织战役的秘密可就不那么容易了。

所以，间谍活动常常只限于从自己亲眼看到的，或从别人的言谈间听到的敌军行动中猎取情报。而且即使有关敌人行动的情报到手，也仍然无法断定敌军实施行动中间又会发生什么变化，也不知道敌人预定的最终目的。

过去军队安营扎寨，几乎都集中在一处，敌情报告一般比较可靠，因为侦察部队可运动到肉眼能够看到敌营的距离内，间谍则可报告敌营内部的一切活动情况。但后来兵团的组织不同了，它们或住进营房，或分散在野外露营，使得侦察工作变得复杂和困难多了，结果几乎很难取得成效。

与此同时，若米尼还概括了掌握敌情应遵循的四项原则：

1. 一位将军在任何时候都不应忘记掌握敌情这件大事，为此，他应运用一切手段，包括组织侦察，派遣间谍，组织由能干的军官领导的轻装部队，规定各种信号，以及派遣训练有素的军官到前卫去审讯俘虏。

2. 由侦察得来的情报都要积累起来，尽管这些情报并不完善，甚至矛盾百出，但真实情况往往就是从这些相互矛盾的情报中得来的。

3. 在考虑自身的作战计划时，对于运用上述手段获取的情报不能持完全相信的态度，更不能过分依赖它们。

4. 在缺乏精确而可靠的侦察情报的情况下，一位能干的将领是从不轻举妄动的。一般而言，他在开始行动之前，总应根据敌我双方情况可能的假设，参照战争原理，提出两三个决心方案。

若米尼认为，如能做到这几项，就不致发生常见的那些足以使人感到仓皇惊恐、举止失措的意外情况了。只要军队将领不是一位完全无能的指挥官，那他就总能从敌人将要采取的行动中作出某些近似的假设，并为实施其中的一个假设而预先采取相应的对策。尽管这些假设的数量总是十分有限，但从这些精心提出和巧妙解决的假设中，才可看出真正的军事天才。

取胜的条件主要是对各兵种的巧妙使用

若米尼认为，在交战战术中，军队投入战斗的配置方式和各兵种的使用虽属于战争勤务和辅助性战术问题，但它们则是主将涉及交战的主要计谋之一，理应包括在我们所提出的任务范围之内。

在他看来，不论军队有多大兵力和分成多少部分，以军为主的建制看来将长久地成为所有大陆强国的一种正常的规范。因此，在部署战斗线的兵力时，务必考虑这一原理。

他还指出，如果有人既不考虑为哪个国家，也不考虑为哪个民族，而想统一毫无差别的战术体系，那就无异于去毁灭军队。"取胜的条件主要的并不是部署兵力的方式，而是对各兵种的巧妙的使用。"

在若米尼所处的时代，只有步兵、骑兵和炮兵三个兵种，他由此依次论及了步兵、骑兵和炮兵各自的地位及其使用问题。

他认为，步兵是主要兵种。一方面步兵占当时整个军队的4/5的兵力，另一方面正是步兵才能攻占阵地或坚守阵地。不过，即使步兵是制胜的主要手段，也必须得到骑兵和炮兵的强有力支援才能取胜。若没有骑兵和炮兵的协助，步兵常常会陷入非常危险的境地，即使取得胜利也只能是一半的胜利。

在当时，步兵进攻敌人时的部署不外五种方式四种体系。五种方式是：1. 成散兵线；2. 成横队或成并列，或成正方形；3. 以各营中心为准成营横队；4. 成纵深集中部署；5. 成小方阵。各种部署的四种体系是：1. 浅近队形或三列横队；2. 半深远队形，即各营中央编成强击纵队的营横队或各营成方阵的营横队；3. 混合队形，即一部分团展开成横队，一部分团成纵队；4. 深远队形，即各营按前后依次展开成大纵队的深远队形。

在若米尼看来，对上述几种不同的部署，很难肯定哪种最好或哪种最坏，但至少应承认一条无可争辩的规则，即对进攻来说，好的部署应具有机动性、坚忍性和攻击力；而对防御来说，首先是坚忍性，同时要有最大可能的火力。

他说，经验告诉我们，战术上最大的难题之一就是如何选择部队的最佳战斗部署。不过，若想用一种绝对的方式或独一无二的体系去解决这个难题也是断无可能的。

他还提醒说，指挥步兵投入战斗最主要的问题之一，就是要尽可能地隐蔽部队，使其免遭敌人炮兵火力的袭击，但不是将其不合时宜地后撤，而是要尽可能利用现地和部队前方一切有利地形，使其避开敌人炮兵部队的火力。并且，只要有可能就必须进攻，在这种情况下，隐蔽只能适合于射手和防御部队。

对于防御军队来说，坐落在阵地正面的村庄一般应予防守；而对于进攻军队来说，则应力求攻占这些村庄。

同样，占领小森林和灌木丛也是很有用的，因为它们能作为控制者一方的屏障。利用树林可以掩蔽部队，使其行动具有隐蔽性，并有利于己方骑兵的运动，而不利于敌方骑兵在临近他们的地方移动。

关于骑兵，若米尼认为，一位将军对骑兵的使用在某种程度上取决于其与敌人骑兵的实力对比，包括兵力的数量及素质。不过，不管这些差别会引起怎样的变化，对一支弱小的骑兵只要指挥有力，也能创造机会建立奇功。并且，使用这一兵种的适时性具有决定的意义。

骑兵和步兵之间的数量比例有很大的差异。这与一个民族能否成为优秀骑兵的天然素质有关，丰富的马匹资源和品种的优劣也会产生一定的影响。

骑兵的主要优点在于它的快速性、机动性和迅猛性。但不管骑兵在总体作战中的地位有多重要，如果没有步兵的支援，骑兵自身是不能防守阵地的。

骑兵的主要使命是准备或夺取胜利，扩大战果，比如，抓俘虏、夺取战利品、追击敌人、迅速支援受威胁的地点、击溃陷入混乱的敌人步兵，以及掩护步兵和炮兵退却。

关于骑兵实施冲击的时机，若米尼认为，骑兵在什么时机、用什么方式实施冲击最合适，取决于主将的眼力、作战计划、敌军的行动等许多因素。其中，当骑兵攻击时，如果没有步兵和大量炮兵在一定距离上支援是不会成功的。在滑铁卢之战中，法国骑兵违背这条规律擅自行动，曾为此付出了高昂的代价。弗里德里希二世的骑兵在与俄军进行的库纳斯多夫之战中，也遭到了同样的命运。

虽然有时也会有骑兵单独攻击的必要，但一般说来最好等双方的步兵正式投入战斗后，再去攻击敌军步兵作战线，这样效果最理想。马伦戈会战、艾劳会战、博罗季诺会战以及其他十多次交战完全证实了这一点。

我军的骑兵也可发动对敌人骑兵的总攻击，将其赶出战场，而后返回，以便更加自如地对敌步兵实施突击。

当我军步兵将从正面发起攻击时，骑兵可乘机从翼侧或背后出击攻占敌线。一旦遭敌反击，可疾驰而去，退回本军；如果冲击成功，就能造成敌军的覆没。只要指挥得当，骑兵即使深入敌后也不会被切断，而轻骑兵尤其擅长发挥这种作用。

关于骑兵的冲击方式，若米尼认为，要为骑兵确定一种最好的冲击方式并非那么容易，这取决于既定目标以及其他许多也影响选择突击时机的情况。

但不管采用哪种突击方式，对于可能实施的各种冲击来说，最好的取胜方法之一就是，一方面向敌人正面冲击，另一方面及时派出若干支骑兵队伍去夹击敌人作战线的两翼。但若想使这种机动获得全胜，就须恰在敌人的作战线进入战斗的那一刻对敌两翼进行夹击，而把握战机需要骑兵军官具有准确而锐利的眼力。

若米尼还概括道："总之，骑兵在精神上压倒对方，比之步兵更为重要。指挥官的眼力锐利、头脑冷静，士兵的机智灵活、英勇无畏，无论在激烈的厮杀中，还是在部队重新会合时，都是夺取胜利的根本。相比之下兵力部署倒是次要的了。谁要是能将这两方面的长处结合起来，谁就会信心百倍，必胜无疑。当然，对兵力的使用失当，仍是不可饶恕的错误。"

不管采用何种办法，有一点是毋庸争辩的，即一支人数众多的骑兵总会对战争的结局产生重大影响。它可以深入敌后，骚扰敌人，夺取其辎重，把敌军包围在驻地，即使不能切断其交通线，也能使其来往不便，破坏敌人各部门之间和行动之间的协调。总而言之，骑兵可以攻击敌军两翼和后方，使其主将丧失果断的判断力，从而收到与民众起义一样所能产生的一切良好效果。

关于炮兵，若米尼高度评价说："炮兵是一个可怕的进攻兵种，同时也是一个可怕的防御兵种。"他还阐述道："作为进攻手段，一支强大的、运用巧妙的炮兵部队能够摧毁并动摇敌军战线，进而有助于攻击部队的突破。作为防御武器，炮兵部队能使阵地的实力成倍增长，这不仅因为它能从远处对敌人造成伤亡，从远处给敌人冲击部队以精神上的震撼，而且还因为在局部防御中，在阵地上，或在霰弹射程范围内，它都能发挥重大的作用。炮兵在攻击和防守要塞和筑垒兵营时同样具有相当重要的意义，因为炮兵是近代筑城工事的灵魂。"

他还曾在当时预见说，火炮在今后的战争中应当是决定性武器，也将是欧洲各国的主要武器。因此，"善于最大限度地发挥炮兵的作用，就能在战争中产生更大的影响"。

他认为，对敌军中央实施迅猛攻击，尤其当这种攻击能与对战斗线一端的攻击相结合或指向过长的战斗线时是特别有效的。不过，也不应忽略部队的士气和统帅的指挥对于交战胜利所具有的重大影响。炮兵只是一支有效但不能置敌于死地的部队，并且，不是在所有战场以及一切地方对炮兵都是同样有利的。

另外，炮兵最容易成为作战中的首批牺牲品，因此应从步兵中经过挑选训练一批在必要时能到火炮上去操作的士兵，以补充交战中炮兵人员的缺额。还应努力探索一种能使强大火器丧失作用的方法，如改变部队的武器和装备，以及采用能尽快结束作战的新战术。

他还根据炮兵在战争中的使用情况提出了炮兵作用方法的若干规则。如在进攻中，应集中一部分炮兵于我军准备实施猛烈突击的地点，用火力动摇敌人的防线，以便配合步兵和骑兵的攻击；不论整个防线配置如何广阔，炮兵一定应十分关注最利于或最易于敌人实施突破的地方，为此，炮兵指挥官一定要熟悉战场上各战略点和战术点的位置及地形条件；交战炮兵的主要职责是摧毁敌人的部队，而不是与对方的炮兵对战；炮兵总应有步兵或骑兵的支援，尤其是他们的翼侧需要得到很好的掩护，等等。

与此同时，他还指出，要使炮兵得到合理的使用，最好的办法之一就是，把这个兵种的指挥权交给一位既是优秀的战术家又是杰出战略家的炮兵将领。这位将领不仅要有权指挥炮兵预备队，而且还可调动隶属于军或师建制的半数火炮。这样，他就能够协助最高统帅在指定的时间和地点集结炮兵，使其充分发挥作用去夺取胜利。

最后，若米尼在阐述对步兵、骑兵和炮兵这三个兵种混合使用的问题时指出，一个由这三个兵种组成的军，其军长在使用这些兵种时应使它们互相支援，彼此协助。

他还进而阐述说，这三个兵种混合使用时，要"根据地形条件、我方目标，以及假想的敌方目标配置各个兵种，并根据每个兵种的特点使其同时行动，协同动作，这就是战争艺术所能提出的建议。一个高级军官，只能通过对历次战争进行研究，尤其是通过作战实践，才能真正获得为适时而合理地使用各个兵种所需要的知识和眼力"。

第 3 章

世界公认的军事理论权威

若米尼的代表作《战争艺术概论》是备受西方军界推崇的军事名著之一。该书一经面世，便受到世界各国尤其是军事界的极大重视，除被译成英文、俄文，还被译成德文、意大利文、日文等多种文字出版，并被许多国家定为军官必修教材。

据说，在美国国内战争期间，《战争艺术概论》是南北两军将军们囊中必备的读物，南北两军的军官几乎人手一册。

另外，日本海军军官秋山真之在奉命赴美留学期间，曾向美国海权论鼻祖马汉请教海军事宜。但令他不解的是，马汉曾劝他首先认真学习若米尼的《战争艺术概论》。后来才了解到，马汉曾从《战争艺术概论》中学习战争原理，并将其用于海军战略，还写出了其海权论的奠基之作——《海权对历史的影响》一书。

美国军事作家布里吞写道，照若米尼的看法，"拿破仑的胜利愈是惊人，则他们愈是值得用那些普遍的真理来加以解释。……为了企图解释拿破仑一生的事业，若米尼将军对这个时代也作出了自己的贡献。在战争的研究中，他当然不是世界上的第一人，可是对这个问题作近代化有体系的研究者，他却可以说是开风气之先"。

美国军事作家爱德华·米德·厄尔在《现代战略的制订者》一书中写道："若米尼将军在试图阐述拿破仑的事业时，对当代的创新作出了自己的贡献。诚然，对战争的研究并非从他开始，但对这一课题的以现代方式进行系统的探讨却是从他开始的，而且这种方式一直沿用至今。可以说，若米尼和比他稍后的克劳塞维茨一道在研究战争方面作出了类似亚当·斯密在经济学研究方面所作的贡献……若米尼所作的实际上是科学上的先驱工作——不是首次对一个未知领域的大胆的探索，而是首次为研究这个领域勾画了一幅美好的蓝图。"若米尼不仅曾熟读了劳埃德、比洛、弗里德里希二世等人的著作，并从中获益匪浅，而且还有其独到之处，他对战争原理作有体系研究的企图是前无古人的。专凭这一点即足以使他与克劳塞维茨分庭抗礼，共享近代军事思想建立者的殊荣。

美国学者约翰·夏伊认为："在现代军事思想的定型时期，有三个突出的名字：拿破仑、克劳塞维茨、若米尼。拿破仑和克劳塞维茨是连对历史无知的人都知道的名字，但若米尼却只有军事专家才熟悉，尽管他对军事理论和关于战争的通俗观念影响巨大。……他的影响与我们对此的普遍无知大不相称，而这是理解他在法国大革命后西方历史上的重要地位的一个关键。"

英国战史大师何华德曾将若米尼的《战争艺术概论》誉为"19 世纪最伟大的军事教科书"，因为它是 19 世纪最全面、最系统和最科学的一部军事著作。

英国准将爱德蒙斯甚至认为，若米尼比克劳塞维茨更符合时代要求，并把若米尼称为"完全符合时代要求"的军事思想家。

日本学者佐藤德太郎认为，若米尼不是单纯为理论而理论的军事理论家，而是以实战经验为可靠根据而开拓理论的军事理论家。若米尼在其战史书中，并不满足于单纯的史实的叙述，而是不断探索隐藏其背后的战争原理；同时，在其战争理论书中，也并不单纯阐述抽象的理论概念，而是常常回到战史的事实中，让战史为其理论说话。在其著述活动中，总是把理论和战史交织在一起，在其理论书中有大量战史，而在其战史书中又充满理论。这是他的独到之处，很引人注目。要理解以克劳塞维茨为源流的德国战争理论，不可不研究若米尼。反过来，如果要探索若米尼著作的真正含义，也必须把克劳塞维茨引作例证。从这个意义上讲，要想真正致力于德国战争理论的研究，从一开始就不应把若米尼排除在外。过去日本过分热衷于德国战争理论，而忽略了若米尼是一个大错误，使人后悔不已。

日本学者浅野佑吾认为，若米尼的《战争艺术概论》一书中提出的观点，经常被人们用来与同时代产生的克劳塞维茨的思想进行对比。他们二人同处于拿破仑战争的影响之下，彼此间有不少地方相类似，但由于民族和个人性格的不同，他们的思想多少产生了差异。若米尼在其著作中重视如何取胜的战略和战术的方法论，并根据自己的亲身体验用现实主义态度阐述问题，这使人们感到很通俗易懂。在这一点上，他与克劳塞维茨用以解释战争现象本质的哲学式思考方法形成了对照。该书浅显易懂地解释了战争理论，论述语言十分简洁，书中没有哲学性的论述，所讲的问题都是常识性、现实和具体的。

苏联学者 A. A. 斯特罗夫在其《战争艺术史》一书中写道："若米尼将军是一位最大的资产阶级军事理论家和 19 世纪上半叶的战略权威。他的观点对于军事理论思想的发展和进行战争的原则，都有很大影响。他的功绩在于总结了法国资产阶级军队所进行的战争经验。他的巨著使他跻身于资产阶级军事理论思想创始人的行列。若米尼将军是第一个研究法国资产阶级革命战争史和拿破仑战争史的大学者。"

苏联学者 M. A. 米尔施泰因等人在《论资产阶级军事科学》一书中写道："若米尼大大地发展了资产阶级军事科学。他在以后很长的一段时间中一直对资产阶级军事理论思想有巨大的影响。他是那些企图总结资产阶级战争的经验和军事领域的创造人之一。……毫无疑问，若米尼为资产阶级军事科学做了很多事情。难怪现代美国和英国的军事理论家们对若米尼如此推崇备至，而其中有些人甚至把他放在克劳塞维茨之上。"

台湾学者钮先钟认为，若米尼在战略思想史中可算是一位奇人。他是一位名副其实的"文人战略家"。他的许多著作和观念随着时代的演进可能逐渐被人忘记，但这并不影响其不朽的地位。

一些主要国家的辞书对若米尼的称谓表述虽有差别，但一致将其公认为军事理论大家。如《简明不列颠百科全书》称其为"法国将军、军事评论家、军事史学家"，《美国百科全书》称其为"法国—瑞士将军和军事著作家"，美国《名人辞典》称其为"瑞士历史学家和将军"，法国《拉鲁斯百科辞典》称其为"瑞士将军和军事作家"，《苏联军事百科全书》称其为"军事理论家和军事历史学家"，《中国军事百科全书》称其为"资产阶级军事历史学家、军事理论家"，等等。

马克思和恩格斯也曾对若米尼作了很高的评价。马克思称若米尼是"伟大的战略家"。恩格斯也称赞若米尼是写拿破仑战争史的"最好的著作家",并在论述普鲁士的军事著作具有很高水平的问题时认为:"克劳塞维茨在军事方面同若米尼一样,是全世界公认的权威人士。"

附 录

年 谱

1779 年　3 月 6 日，生于瑞士沃州帕耶纳。

1795 年　在瑞士巴塞尔一商店学徒，后转到一家银行学习银行业务。

1796 年　在法国巴黎的莫塞尔曼商行当职员，又转为证券经纪人。后辞去银行和交易所的工作，在法军谋得一个没有薪俸、不具军官身份的幕僚性职务。

1798 年　12 月 24 日，被任命为海尔维第（瑞士）共和国陆军部秘书长。

1799 年　6 月 17 日，担任海尔维第陆军部长的副官，授予上尉。

1800 年　任海尔维第陆军营长。

1801 年　辞去海尔维第陆军部担任的职务，返回巴黎，进德尔蓬兵工厂做会计工作。

1803 年　离开德尔蓬兵工厂，全力研究战争。

1804 年　进法属瑞士团，先为后勤军官，后为一般参谋。并出版《大战术理论和应用教程》一书。

1805 年　到法国布洛涅兵营。10 月 20 日，参加乌尔姆之战。12 月 27 日，被任命为内伊元帅的副官长。修订《大战术理论和应用教程》，并将其更名为《论大规模军事行动》（第一、二卷）在巴黎出版。

1806 年　9 月，在德国美因兹受到拿破仑召见，并被留在拿破仑身边。10 月，参加耶拿之战。

1807 年　2 月 8 日，参加艾劳之战。11 月 11 日，被任命为法军第六军参谋长。

1808 年　参加西班牙战争。

1809 年　到巴黎贝蒂埃元帅总部工作。

1810 年　晋升为法国准将。

1812 年　6 月 28 日，就任维尔诺总督。8 月，调任斯摩棱斯克总督。11 月末，任埃布莱将军助理。

1813 年　5 月初，任内伊元帅的参谋长。5 月 20 日，参加包岑之战。8 月 14 日，离开法军，转投俄军，被任命为俄皇亚历山大的侍从副官，授予俄军中将。

1814 年　作为亚历山大一世的顾问参加维也纳会议。

1815 年　11 月 20 日，参加第七次反法同盟各国同法国在巴黎签订新条约。

1817 年　出版俄文版《论大规模军事行动》。

1822 年　夏，暂居瑞士。秋，开始长期住俄国。10 月，作为俄皇顾问参加维也纳神圣同盟会议。

1824 年　出版《法国大革命战争军事批判史》。

1825 年　任俄皇尼古拉一世的侍从武官。

1826 年　9 月，晋升为俄军上将。

1828 年　参加俄土战争，担任俄皇大本营参谋长。

1829 年　离开俄国到比利时首都布鲁塞尔。

1832 年　创建俄国第一所军事学院。

1837 年　任亚历山大王储侍读。将修订增补后的《论大规模军事行动》更名为《战争艺术概论》出版（法文版）。

1838 年　出版英文版《战争艺术概论》。

1839 年　重返俄国居住。出版俄文版《战争艺术概论》。

1840 年　7 月~10 月，住巴黎。

1843 年　住圣彼得堡。

1848 年　到布鲁塞尔隐居。

1851 年　住巴黎。

1853 年　重返俄国圣彼得堡，担任俄皇军事顾问。

1858 年　夏，暂住瑞士洛桑。

1859 年　移至巴黎第 16 区巴悉钟楼街第 129 号定居。在法国对奥地利战争期间，出任拿破仑三世的军事顾问。

1869 年　3 月 22 日，于巴黎逝世，享年 90 岁。

主要著作

1. 《大战术理论和应用教程》，1803 年。

2. 《论大规模军事行动》，第 1~8 卷，马奇内版，1804~1816 年。

3. 《法国大革命战争军事批判史》，第 1~15 卷，安塞林及波萨尔版，1815~1824 年。

4. 《拿破仑的政治和军事生涯》，第 1~4 卷，安塞林版，1827 年。

5. 《战略战术综合研究入门》，安塞林版，1830 年。

6. 《战争艺术概论》，安塞林版，1838 年。